朝日新書
Asahi Shinsho 900

# 自分が高齢になるということ

【完全版】

和田秀樹



朝日新聞出版

# 再刊に寄せて

本書は、もともと『自分が高齢になるということ』（新講社刊）というタイトルで刊行されました。

この「自分が」というところを、あらためて心にとめてみてください。

ほかでもないこの自分が、一歳一歳、年齢を重ねていくとは、どのような経験でしょうか。

若いころとは違って、高齢になれば、日常生活で当たり前にできていたことがだんだんときつくなったり、人に助けてもらうようになったりすることがあるでしょう。

家族や友人、まわりの人との関係も、どんどん変わっていきます。

体調や頭のはたらきも、いつまでも同じというわけにはいかなくなるかもしれません。

でも、安心してください。

わたしは高齢者専門の精神科医として、30年以上にわたり、6千人を超えるお年寄りを診てきましたが、はっきり言えることがあります。

それは、高齢になってはじめて味わうことができる喜びや幸せは、とても大きいということです。

この本で順を追って見ていきますが、もしボケた（認知症）としても、少しも悲観することはありません。

何かわからないこと、できないことがあったときに、助けを借りることを通じて、新しい人とのつながりや心のふれあいが生まれ、何でも自分だけでやっていた頃よりも、むしろ世界が広がったという方もたくさん見てきました。

さらには、海外の大規模調査によれば、わたしたちの幸福度は82歳以上で最高に達するという結果も出ています。

これは臨床医としてのわたしの実感と一致します。

おかげさまで２０２２年は『80歳の壁』をはじめ、わたしの著書が多くの方に読まれました。それゆえ少しだけ、わたしも貢献しているかもしれませんが、高齢者の方々の意識は、変わってきていると感じます。

医者の言うことをなんでも鵜呑みにする必要はない。

検診の数値に一喜一憂しない。

歳をとったら上品につつましくではなく、やりたいことをのびのびと。

このように考える方が少しずつですが増えているのは、高齢者医療の現場に長年、身を置いてきたわたしにはとてもうれしいことです。

それでもまだまだ、足りていないと思う点があります。

自分が歳を重ねていく不安というものが、みなさんのなかでは相変わらず大きいことです。どんなことが起きるのか、落ち着かない気持ちでいらっしゃる方が多いのではないかということです。また、３年以上も続いているコロナ禍のために家に閉じこもりがちな暮らしをしている高齢者の方がたは、心身への悪い影響を心配しているかもしれません。

だれにとっても歳をとるのは「初めて」の経験です。不安を感じるのも無理はありません。だいじなのは、ある人が幸せかどうかは、その人がどう感じるかにかかっているということです。あなた自身の主観がすべてなのです。

そうか、歳を重ねると、こんなにすばらしいことが起こるのか。この本のページをめくるごとに、心がほぐれていくことでしょう。

高齢期についてほんとうのことを知り、自分に起こる一つひとつの変化を、楽しみに受け止めていただければ……それがわたしの願いです。

おかげさまで、わたしはたくさんの本を出す機会に恵まれましたが、だれもが抱える不安という問題に、もっともよく答えを出せたと思えるのが、この『自分が高齢になるということ』です。

新書の形で再びみなさんの手に届くことを心からうれしく思います。精神科医としての原点にかえり、精魂こめて書いた特別な一冊です。

# まえがき

還暦を過ぎたわたしが、神様に感謝することを一つ選べと言われたら、28歳のときから「高齢者専門の精神科」という職につけてくれたことだと答えることでしょう。

要するに、高齢者専門の精神科医を続けることで、人間「歳をとると何が起こるのか」を知り、それがわたしの人生観や生き方に大きな影響を与えてくれたのです。

それらを多くの方がたに知っていただきたいと思います。すこし箇条書きします。

- ボケを恐れることはない。ボケには幸せな側面もあります。
- 歳をとっても人には残っている能力（残存能力）があります。その価値に気づくことが大事。

- もし体や脳が衰えたとして、人に頼ることは悪いことではありません。
- 認知症になるより、うつになるほうが本人にとってつらいもの。
- ボケようがボケまいが、人生は自分が楽しかったり幸せだと感じることが大切。

まだまだありますが、本書は、35年間の高齢者との出会いにより、わたしが見知ったことをまとめたものになります。

それを通じて「老いること」への見方が変わること。恐れたり悲観したりすることなく、少しでも気楽になること。要するに楽しい人生を送れるようになれば、それは著者として大きな喜びになります。

すこしわたし自身のことを書きます。

いろいろな事情があって就職先が決まらなかったときに、内科と精神科の研修を受けていたことが認められて、日本最初の高齢者専門の総合病院、浴風会病院の精神科に採用されました。

ここですばらしい師に巡り会えたことと、他にやっている人がきわめて少ない分野ということもあって、それから30年以上この仕事を続けることになりました。

この病院で学べたことは、わたしにとってはいろいろな意味で今でも大切な治療のバックボーンとなっています。

高齢者は、正常値にこだわりすぎて血圧や血糖値を下げますが、下げすぎないほうが調子がいいということを知りました。また、亡くなるまでの追跡調査によって、そういう〝ゆるい治療〟をしていても、意外に寿命の長短に影響しないこともわかりました。

85歳を過ぎると、ほぼ全員の脳にアルツハイマー型の変化が起こります。ほぼ全員に体中のどこかに死因とならなかったがんがあることも知りました。それらは老化現象の一種で、必要以上に恐れる必要はないのです。

また高齢者の治療をしていると、アルツハイマーにかかってしまい、それがかなり重いものであっても、本人は意外に幸せそうにしていることもわたしに安心感を与えてくれました。

その他、歳をとったり、認知症になったりした場合、頭や体を趣味や生きがいなどに積極的に使っていると衰えが遅くなること。趣味や生きがいを持っていないとてきめんに衰えたり認知症が進んだりすることがあります。そのためにデイサービスがあるのですが、管理職などを経験した人などはプライドが邪魔をしてそこに通うのを嫌がる傾向があります。

家族関係、人間関係にも注目せざるをえません。

たとえば、若い頃、高い社会的地位にいながら、晩年には見舞いが来ない人がいます。いっぽうで、その地位と関係なく、多くの人が見舞いに来る人もいます。

よくよく話を聞いてみると、上の人にはかわいがられたけれど、年下の人に慕われないような人は、出世はしますが、会社を離れたときに見舞いが来ないことがわかります。上司はどんどん亡くなっていくし、下の人には好かれていないので、孤独になりがちです。逆に地位に関係なく、人に好かれてきた人はたくさんの見舞客に囲まれます。晩年も幸せなのです。

また、お金を貯めこむことが幸せと思われがちですが、そのせいで子ども同士がけんかしたりするのもよく見聞きします。

こういう姿を数多く見ていると、出世にこだわっても、いつまでもその地位が続くわけではないし、そのために下の人に嫌われたのでは、元も子もないこと。また、お金に執着することのバカバカしさも痛感しました。

では、どのような後半生を送ることがいいのでしょうか。

〝自分が高齢になるということ〟

今日の世の中、このことがきわめて大切なテーマとなっています。

そのことをわたしなりにまとめたのが本書になります。

自分が高齢になるということ　【完全版】　目次

## 第1章　ボケは幸せの「お迎え」かもしれない　45



## 第2章　「できることをやる・できないことは頼る」でいい　69

## 第3章

## 第4章 あなたの身近なボケを愛すること

## 第5章 気楽に教えてもらう、助けてもらう

## 第6章

## 楽しみの種を蒔いておこう

## エピローグ　ボケると「新しい力」がついてきます 187

プロローグ

# 老いて幸せなら、人生それでよし

## わかっていることとわからないこと

「自分が歳をとったと感じるのはどんなときですか」

こういった質問にはたぶん、ほとんどの人が肉体的な衰えを挙げると思います。疲れが取れにくくなったとか、無理がきかなくなったといったことです。意欲や気力の衰えを挙げる人もいますが、これもやはり、以前のような行動力とかエネルギーがなくなったことと関係してきます。

「このまま歳を重ねていけばどうなるんだろう」ということも、なんとなく想像がつきます。

「いまよりもっと、足腰が弱ったり、身体全体が弱ってくるんだろうな」ということです。

そこで、そういった肉体的な衰えを食い止めるために、ウォーキングを始めたりジムに通ったり、あるいは日常生活の中に少しでも身体を動かすことを取り入れるようにします。実際、80代になっても90代になっても、背筋がシャンとして足取りもしっかりとしている高齢者は珍しくありません。肉体的な衰えは、ある程度、意識的に遅らせることができるのです。

では、頭脳の衰えはどうでしょうか?

これがわからないのです。

「人やものの名前が出てこないとか、何を買いに来たのか忘れてしまうとか、そういうもの忘れはたしかに増えてきたかな」

そう感じるときはあります。これだって「歳のせいかな」と思います。

でもそういう状態が、これからさらに高齢になっていくとどう変わってくるのか、そこまではわかりません。身体的な衰えのように、意識すれば食い止めることができるのかどうか、それもわかりません。

つまり、自分がこれからさらに高齢になっていくということの中には、予測できることとできないことがあるのです。

## 老いは納得できないことも運んできます

いまのあなたが何歳なのかはわかりません。

でも、自分がこれから高齢になっていくことを、そろそろ現実的な問題として考える年齢に差しかかっていると思います。「どうなるのかな」という漠然とした不安と、「考えても始まらない」という諦め、「身体さえ元気なら大丈夫だ」という希望、いろいろな感情が混じりあいながらも、老いを逃れられない現実として受け止めているはずです。

ただ、ほんとうの気持ちを一つだけ挙げるとすれば、「幸せでありたい」ということではないでしょうか。どんなに高齢になっても、生きている限りは幸せでありたい、楽しい日々を過ごしたいという願いです。

では、その願いを妨げるかもしれないものがあるとすれば、何になるでしょうか?

ズバリ、健康への不安。これがいちばんだと思います。

家族のこと、経済的なこと、その人でなければわからないさまざまな不安要因はあると思いますが、自分が健康でさえあればどうにか乗り切ることができます。でも、重い病気にかかったり、身体が不自由で寝たきりの生活になったら、たとえ経済的な不安がなくても自分自身を幸せな高齢者とは思えません。家族にとっても負担になるはずです。つくづく、「元気でいたいな」と願うのではないでしょうか。

ところが、高齢になるにしたがって、どんな人にも予測のできない状態が訪れてくる可能性があります。しかもその可能性は、高齢になればなるほど高まってきます。

脳の老化と、それに伴うさまざまな変化です。だれもが真っ先に思い浮かべるのが、認知症です。

たぶんあなたの中にも、認知症への不安があると思います。「そうなったらおしまいだな」という恐れ、「いや、わたしは大丈夫だ」という根拠のない自信の両方が入り交じっていると思います。

これといって予防の手立てがないのですから、肉体的な衰えとは違って、認知症はまさに高齢者にとって納得しがたい現実になってきます。

## 老いることの中に「幸せのヒント」があります

精神科医としてのわたしの専門は、老年精神医学になります。いままでたくさんの高齢者と向き合ってきましたが、つくづく感じてきたのは老いてからの人生のむずかしさです。

なぜ「むずかしいな」と感じるのか。

老いてからの人生とそれまでの人生は、まったくべつのものになってくることが多いからです。いわゆる人生の成功者が幸せな高齢者になるとは限らないし、逆に恵まれない人生を送ってきた人がそのまま不幸な高齢者になるとも限りません。その逆のケースがいくらでもあるのです。

ただ、たくさんの高齢者と向き合ってきて一つだけわかったことがあります。

これはもちろん、わたしなりの考え方、感じ方になってきますが、周りの人、とくに家族のような身近な人たちに愛されない高齢者は不幸だなということです。この実感には、もう少し詳しい説明が必要になります。

わたしが主に接してきた高齢者は、認知症とうつ病でした。精神科医として患者と向き合ってきたので、どうしてもこの二つの病が多くなります。

どちらの病も、身体的な老化と無関係ではありません。とくに認知症の大半を占めるアルツハイマー型は85歳を過ぎた高齢者の半数近くに現れてくる症状ですから、超高齢社会がこのまま続けばありふれた病になってくるはずです。

うつ病も同じで、身体的な衰えから引きこもりがちの生活が続くとどうしても気持ちが沈んできます。自分が社会的に必要とされない人間になってきたと考えると、生きがいも薄れてきます。老いることの中にうつ病の要因が隠れているのです。

でもわたしが診てきた認知症の高齢者は、決して不幸な人ばかりではありませんでした。むしろ、過去の嫌なことはすべて忘れてしまい、いまは幸せそうな笑顔を浮かべたり、穏やかに過ごしている人が多かったのです。

認知症なのになぜ幸せそうに見えるのでしょうか?

じつはこの疑問に答えていくことが、今回のいちばん大切なテーマになってきます。

## 両親からも「老後の幸せ」について考えさせられました

わたしも60代になり、耳が遠くなるなど自分の老いを少しずつ感じるようになりましたが、自分自身の体験よりも、これまで接してきた高齢者の方がたから学んだことが多くあります。わたしの両親もその教訓の一つと言えるでしょう。

わたしが老年医学の教科書的な考え方にとらわれず、あくまで自分の経験から独自に高齢者の幸せについて考えるようになったのは両親のおかげでもあります。

両親の夫婦仲は決して良好ではありませんでした。父が浪費家で遊びがちだったこともあり、わたしは母親から「勉強しないと父のようになる」と言われて育ったものですから、熱心に勉強しました。親のようになるなという子育ては一般的にあまりいいとは言えませんが、自立するために勉強し、稼げるようになることが重要だという意識は小さな頃からしっかりともっていたと思います。

医師となって仕事も順調になったころ、わたしは大阪にいた母を東京に呼びました。

母は東京の私の会社で働き、はじめて経済的に自立できたこともあり、父と同じ墓に入りたくないと、70代で熟年離婚しました。

現在、母はサービスつき高齢者住宅に入居していますが、

「子育てが終わったのに、こんなみじめな暮らしをしている」

そんなことを言います。専業主婦だった母から自分で稼ぐ大切さを教えられたので、わたしも医師になれましたし、自分の娘にも同じことを伝えて育てました。そんな母には感謝しています。ですが、最近は脳の老化が進んだせいか、性格がきつくなり、トイレが近くなったことに愚痴をこぼします。立派かどうかわかりませんが、わたしや兄弟はそれなりの社会的地位につきました。母はお金に不自由していなくても、残念なことに幸せを感じているか疑問です。

かたや父は借金をつくり、家庭では無責任な人でしたが、楽観的な性格だったので、離婚後もそれなりに楽しく生きていました。タバコをやめずに肺気腫になり、酸素ボンベを欠かせない生活でしたが、世話を焼いてくれる人が周りにいて、それなりに幸せそうでした。

経済的に恵まれた母は不平不満を口にし、恵まれていなかった父は最後まで幸せそうに過ごしました。わたしは両親の老後からつくづく高齢者は人それぞれ違うと感じました。つまり幸せは経済的なこととは関係なく、あくまで自分が幸せを感じるかどうかという主観的なものなのです。

わたしは自分の老後について気楽に構え、開き直って、なるようにしかならないと考えています。ひと口に老後と言っても、未来のことです。いまの自分にはわかりません。脳の老化とそれに伴う変化は予測ができず、予防しようがありません。わからないことにもかかわらず、人間が自分の運命や寿命を変えられると考えること自体に無理があると思いませんか。たとえばボケ防止に一生懸命取り組めば、ボケないのかと言えば、そうではありません。検査データを正常値に戻しても病気にかかるときはかかります。

「自分はボケたくない」と強く思うのもわからなくはないですが、人はいつかボケるときがきます。ですから、ボケないことを目指すより、どんなボケ方をしたいか考えたほうがむしろ健全です。

わたしが診てきた患者さんのなかには稀《まれ》に誇大妄想を抱く人がいます。誇大妄想とは、たとえば自分を神だと思い込み、そのようにふるまうような状態です。

昔は誇大妄想をもつ患者さんは薬を飲ませれば治まるので、そうしようと考えていましたが、その患者さんはだれかに危害を加えるわけではありません。被害妄想を抱き、特定の人を恨んで危害を加えるなら話は別ですが、誇大妄想の世界で幸せそうな人に薬を使い、わざわざ現実に戻さなくてもいいのではないかと疑問に思うようになりました。

その人が幸せならそのままでも構いません。人を恨むよりは誇大妄想のほうが幸せです。そこまでいかなくても、ボケたことで過去の嫌な記憶を忘れてしまい、ニコニコと笑顔で過ごす高齢者はたくさんいます。つまり自分がボケたときにどうなりたいか考えておけば、結果的にボケたときに自分も家族も焦らなくてすみます。認知症やボケとの向き合い方についてはこのあと具体的に書いていきますが、こうした心構えも老いを受け入れる準備のひとつです。

わたしも物忘れがひどくなるなどボケの症状が出てきたら、とうとう来たかと受け入れますし、それがいつ来るかはわかりませんが、どうせなら幸せなボケ方がいいなと考えています。

## 人はボケるという当たり前の事実！

この本はまず、「人はボケる」という前提に立っています。

もちろん、ボケたいと思っている人なんかいないはずです。だれでも、「わたしはボケたくない」「ボケないようにしたい」と考えています。

だから知りたいのはボケない方法や暮らし方であって、いきなり「人はボケる」と言われてしまったらパタンと本を閉じてしまいたくなるかもしれません。

でも、先ほども申し上げましたように、85歳という年齢をすぎれば40パーセント程度（55・5パーセントという統計もあり）の人が認知症と診断されます。高齢者の半数はボケるのです。

もっと厳密にいいますと、脳を解剖して顕微鏡でのぞけば、ほぼ全員にアルツハイマー型の認知症に特有の所見が見つかります。これはわたしが高齢者専門の病院に勤務していたころ実際に解剖した病理医に教わったことです。

つまり、高齢になれば、ボケは避けられないのです。長生きしたいと思うのはだれでも同じですが、それは同時にボケを受け入れて生きるということでもあるのです。

ただしいろいろな個人差があります。

たとえば病理学的にはアルツハイマーの症状が現れているのに、生前はそれほどボケた様子が見えなかったという人がいます。

逆に生前はものすごくボケていたのに、死んでから解剖してみたら脳にはそれほどの変化は見つからなかったという人もいます。

なぜそういう違いが生まれるのかは本文の中でも説明していきますが、簡単にいえば、一人ひとりの性格が違うように、ボケ方にも大きな個人差があるということです。

したがって、ボケをいたずらに恐れたり、あるいは「ボケないぞ」と気を張って生きるより、「ボケたらそのときのこと」と楽に構えて生きたほうがいいというのがわたしの考えです。

わたし自身、自分がボケないとは思っていません。「ボケるのはしょうがないけど、どうせならいいボケになりたいな」と考えるようにしています。

## ボケを前提に幸せな長生きを目指しましょう

「認知症になってまで長生きしたくない」という人がいます。

みっともないとか、家族に迷惑をかける、生きていても楽しいことなんかないだろうと考えるからでしょう。

でも現実には違います。

わたし自身、たくさんの認知症の高齢者と向き合ってきましたが、「こういうボケはいいなあ」とか、「幸せそうなおじいちゃん（おばあちゃん）だなあ」と思うことはよくありました。

家族の人たちもゆったりしていて、まるで子どもをあやすように話しかけたり、楽しそうに昔話に興じているケースも珍しくありませんでした。

そういう様子を見ていると、ボケてもいいから長生きしたほうが幸せな人生だなとつくづく思ってしまいます。

もちろん、嫌な話もたくさんあります。現実にいま、認知症の親の介護で苦労している人もいるはずです。そういう人にしてみれば、「わたしはボケたくない」と考えるのは当然だと思います。

でも、ボケたくないといくら願っても、これだけ長寿社会になってしまうと自分も含めてボケはありふれた老後の姿になります。ボケないにこしたことはありませんが、確率が2分の1ならそうなる前提で生きるしかありません。女性の場合、90歳まで生きることが当たり前のようになってきましたが、そうなると6割の方がボケてしまうのです。

だとすると、幸せなボケ、ボケてもいいから幸せな老人を目指したほうが、ゆったりした気持ちで生きられるし、それによって長生きもできるはずです。

わたしは晩年が幸せならその人は幸せな人生だったと考えています。これも高齢者のさまざまな臨床例に接して得た答えですが、逆に若いときにどんなに成功しても、あるいは大勢の人に取り囲まれ持ち上げられても、老いてだれも寄りつかず、家族からも避けられて孤独になってしまう老人の人生を幸せとは思えません。

ボケも同じではないでしょうか。ボケても愛される人、ボケて疎《うと》んじられる人では、晩年になっての幸福感はまったく違います。それまでがどういう人生だったとしても、愛されるボケのほうが幸せなのは言うまでもありません。

## 健康のために日々が楽しめないのは本末転倒です

わたしが診察してきた患者さんのなかには、認知症が進んでいても、家族もゆったりと接してくれて、楽しそうに過ごす高齢者は珍しくありません。しかし、そうではない方もいらっしゃいます。本当に高齢者といってもそれぞれ。わたしは幸せな老後を過ごす方がひとりでも増えることを願ってやみません。老いを受け入れ、幸せな高齢者になるために、ここでは健康についてわたしの考えを書いてみます。

生活習慣病は認知症など脳の問題とともに高齢者の悩みの種のひとつですね。その代表が糖尿病です。長年、患っている方も多く、血糖値を気にされる方もいらっしゃるでしょう。

厚生労働省の国民・健康調査（２０２０年発表）では、糖尿病が疑われる者とその可能性を否定できない者の割合は50代20％以上、60代35％以上と年齢に相関して高くなります。糖尿病は病気そのものより合併症はもちろん、がんともかかわりがあるとされる病気です。その改善には生活習慣の見直しが不可欠とされています。

しかし、そのために家族から「甘いものを食べるな」と糖質を制限され、本人が好きにさせてもらえないことに腹を立てていたらどうでしょう。せっかくの楽しい食事の時間も家族と笑顔で過ごせなくなり、かえって険悪になってしまいます。

家族が健康のためにすることが必ずしも高齢者の幸せに結びつくわけではありません。わたしは社会的な責任を果たした70歳以上は好きにさせてあげてもいいと考えています。やはり高齢者本人の立場になってほしいものです。

糖尿病に関しては高血糖のダメージより低血糖のダメージのほうが大きいことも問題です。血糖値を下げる薬を飲み、糖分を断ってしまうと、時間帯によっては低血糖状態になり、意識がもうろうとしてしまいます。意識障害は交通事故の原因にもなり、別の危険を招きかねません。血糖値が高くても、そういった意識障害は起こりません。誤解されがちですが、糖尿病は一日中、高血糖の状態が続くのではありません。血糖値の変動が激しくなる病気なのです。要するに血糖値が高いときと低いときがあります。ですから、大事なことは低血糖の時間ができないように少し高めにしておくことです。また、血糖値が低いと、脳にブドウ糖が行き渡らず、脳の調子も悪くなります。頭を使い続けることは認知症の進行を遅らせるために大事なことです。低血糖によって脳の働きを鈍くするのは高齢者の健康のためになるとは思えません。

なにより本人の幸せはどんなことなのか考えてほしいです。くどいようですが、幸せは本人の主観で決まります。

体にいいか悪いかという基準で我慢する、もしくは我慢させるという人生観は高齢者にとって必要でしょうか。

未来は予測できないと書きましたが、健康のために我慢したからといって長生きできる保証はありません。もしも長生きできなかったとしても、人生を楽しんだほうが亡くなるときにきっと後悔はしません。

健康は心と体のどちらも関係しています。高齢になったら、うつ病を防ぐ意味でも心の健康が大切です。

悔いなく生きるためには、なにごとも自分で決めてください。

自分の人生ですから、当然の権利でもあります。

## 老化は怖がらなくてもいい

わたしはこれまでずっと、老化を怖がることはないと言い続けてきました。

それでも自分の意識を変えようとしても、どうしても老いに恐怖を覚えてしまうものですね。それはご両親やヨボヨボになってしまった自分より上の世代を目にしているからではないですか。「いつか自分もこうなるのか」そう思うと、暗い気持ちになるのは無理もないことですね。

ですが、ひと昔前の高齢者の常識が最近の研究では覆りつつあるのをご存じでしょうか。

たとえば「健康寿命」について。2019年の発表で健康寿命は男性が約72歳、女性は約75歳とされています。これは厚生労働省のアンケート調査に基づいています。アンケートで健康上の問題で日常生活に影響があるかと問い、「ある」を不健康、「ない」を健康とカウントしています。

しかし、この質問では、これといった病気はないけれど、なんとなく腰が痛い、耳が聞こえにくくなったと感じる人も「ある」と答えてしまいます。体の不調は「ない」と言いきれる人はどれほどいるでしょうか？　これでは実態を正確に反映しているとは言えません。

わたしたちが知っておくべき数字は、もっとほかにあります。

たとえば、65歳の方が亡くなるまで自立して生活できる期間と、要介護認定を受け、自立できなくなった期間を調べた調査では、自立できなくなった期間は男性でたった1・6年、女性で3・4年しかありません。詳しくは触れませんが、この調査から介護の必要もなく、体にガタがきながらも、健康でいられるのは、「男性82歳、女性85歳」ということになります。わたしはこれが本当の健康寿命だと考えます。

巷でいわれる健康寿命を過ぎれば、その後はベッドで寝たきり生活になる。そう思い込んでいないでしょうか。特に自分の親が寝たきり生活を長く続けた方は余計にそう思うはずです。

しかし、実際の70代はスポーツジムに通い、進んで運動するなど、とても活発で元気です。本当の健康寿命はそれを裏づけるものです。もちろん、どこかに不調を感じ、不安になることはあります。ですが、そんな不安に負けて、家に閉じこもってしまい、おとなしくするのは、かえって体の不調を悪化させてしまいます。なにより、もったいないと思いませんか？　だったら、老いを受け入れ、自由な時間を自分ができることに使った方が気楽ですよね。

と言いつつも、体は大丈夫でも脳が衰えてしまうのではと、頭の心配をされる方もいるかもしれませんね。歳をとると、若いころに比べ、あらゆることを心配するのは自然なことです。

世界の研究では歳を重ねても衰えない脳の機能や、伸び続ける脳の機能があることがわかってきました。日本でも東京都健康長寿医療センター研究所の調査で、語彙力、理解力、計算問題を解く力は、歳をとってもそれほど落ちないことがわかりました。それどころか高齢になっても衰えず、むしろ成熟する分野もあります。それは人生における経験や学習などから獲得する能力で、理解力や社会適応力などです。こういった能力は情報処理能力や暗記力、計算力をカバーしてくれます。

記憶についても最新研究によれば、知識を蓄える力は、70歳を過ぎるまでぐんぐん上昇します。その後、ゆるやかに低下しますが、90歳になっても、40歳より高いという結果も出ています。

大切なのは、若いころの頭のよさと高齢になってからの頭のよさは違うということです。若いころは計算や暗記が優れていますが、歳をとると、ひとつのことにじっくり取り組めて、豊かな経験から若い人たちにアドバイスすることが得意になります。

頭のよさは人生の段階で異なります。ですから、計算が遅く、もの覚えが悪くなったとしても、心配しないでください。脳はあらゆる力が一気に低下するわけではありませんから。高齢者には高齢者なりの能力が備わっているのです。

もちろん、脳もあらゆる機能が衰えないわけではありません。繰り返しますが、ボケることは誰にでも起こりうることです。

## あなたの大きな不安が消えていくとき

「人はボケる」ということを素直に受け入れ、どうせなら愛されるボケになろうと決めてしまえば、いろいろな意味で人生は楽になります。少なくとも、「わたしはボケないぞ」とか、「ボケるぐらいなら死んだほうがマシだ」と考えて気を張るより、はるかにリラックスできます。

それが結果としてボケを遅らせたり、あるいはボケても幸せな人間関係を作ってくれるとしたら、老後に対する不安もずいぶん小さくなるはずです。ゆったりした気持ちで過ごせるというのは、それだけで感情の安定をもたらしますから、いまを楽しく生きることにもつながります。

そこでこの本では、朗らかなボケ、穏やかなボケを目指すためにはどうすればいいのかという視点で、高齢者専門の精神医学を学び、実践してきたわたしが気づいたこと、考えていることを、ざっくばらんに書いてみます。

認知症はもはや、だれにでも起こり得る老化の自然な姿になっています。そのことを素直に受け入れて、「ボケてもいい、幸せな人生で終わりたい」という気持ちになったとき、自分が高齢になることへの大きな不安が消えていくのではと、わたしは思っています。

第1章

# ボケは幸せの「お迎え」かもしれない

## 「早い者勝ち」というある夫婦の約束

高齢者専門の病院に勤務していたころ、認知症患者の家族の方と話す機会が多かったのですが、その中の一人、80代半ばの男性から、「ボケは早い者勝ちですね」と言われたことがあります。

この男性は、同い年の奥さんが認知症でした。幸い、早い段階で気がついて治療を始めましたので、症状の進みもゆっくりしていますが、料理や買い物といった家事は男性が付きっきりで手を貸さなければできなくなっています。一人で外出すると帰ってこれなくなるので、どこに行くときにも一緒に行動しています。

でも見た感じでは、子どもがいなくてずっと二人きりの暮らしだったせいか、とても仲のいいご夫婦でした。

男性は60歳で定年を迎えたときに、「おれがボケたら頼むよ」と冗談めかして言ったことがあるそうです。

「任せなさい。そのかわり、ボケてもわたしの言うことは素直に聞くのよ」

奥さんも笑顔でそう答えたそうです。

男性はその言葉を聞いて、「そうか、いまから逆らわないで言うことを聞いていれば、ボケても何にも心配しなくていいんだ」と思ったそうです。でも、わからないものです。あんなに活発で行動的だった奥さんのほうが、まさか自分より先にボケるなんて想像もしていなかったといいます。

「おかげでわたしはのんびりできなくなりましたけど、お茶を飲みながら妻と昔話をしていると、とてもボケているようには見えません。楽しそうに次から次と思い出を話してくれて、むしろ羨ましくなるくらいです」

そういうときにはつくづく思うのだそうです。

「ボケなんて、早い者勝ちだな」

ほんとうは自分が先にボケて、奥さんと昔話をのんびり繰り返すはずだったのに、何だか先を越された気持ちになるのだそうです。

## ボケてから可愛らしくなったおじいちゃん

歳をとると、男性は女性に比べて交際範囲が狭くなったり、人づき合いを面倒がるようになります。定年でほとんどの人間関係が切れてしまうというのもありますが、どうも歳相応の分別とか威厳とか、そういったものにこだわる傾向があるようです。

それで寂しくないのかといえば、ちょっと微妙です。いくつになっても気楽におしゃべりしたり、若いころの思い出をだれかに話してみたいという気持ちはあるからです。ただ、どうしても自分から出かけて人と会うのはためらいます。

80代後半のある男性もそうでした。孫も数人いるのですが、訪ねてくるのは年に一度か二度。そのときは楽しそうに孫たちと過ごしますがふだんは妻と二人きりの生活です。ほとんど会話もなくて、黙りこくっています。たまに妻の友人や近所の人が訪ねてきても、自分の部屋から出てきません。

ところが認知症とわかってから様子が変わりました。ケアマネジャーさんや訪問介護のヘルパーさんが訪ねてくると、嬉しそうに相手をします。自分の客だと思っているからです。

そのうちケアマネジャーさんの勧めで介護施設の行事や認知症の人たちの集まりにも顔を出すようになりました。そこで集まった人たちといろいろな昔話をしていると、子どものころの思い出が蘇ってきます。あれこれ話しているうちに、見ず知らずの相手がじつは子どものころの遊び仲間だったことに気がついたりします。

そうなってくると、出かけることも人と会うことも楽しみになります。同じ年代同士なら、たとえ認知症でも共通の話題はいくらでもあります。むしろ認知症だからこそ、細かい食い違いは気にしないでのんびりしたやり取りを楽しめるのだそうです。「ああ、そうだっけ?」「あれ、どうだっけ?」、そんなやり取りなら周囲の人も気軽に入ってこられます。

この男性は、もともと気さくな人柄だったのでしょう。

認知症になって人と話す楽しさを取り戻したときに、その気さくさが表に出てきたのかもしれません。

## 頭がしっかりしていれば高齢になっても幸せなのでしょうか

いまの日本では、高齢になれば夫婦二人きりとか、どちらかに先立たれて独り暮らしというケースが多くなっています。

しかも都会ほど近所のつき合いが希薄ですし、足元に不安を感じるようになれば外出も減ってきます。家の中でひっそりと、あるいはポツンと過ごす高齢者は珍しくありません。

もちろん、頭さえしっかりしていれば、一人でもきちんと暮らすことはできます。たまに買い物に出かけて料理を作り、掃除や洗濯もしてこざっぱりと暮らしている高齢者はいくらでもいるでしょう。

「だれに気を遣うわけでもなく、好きなように暮らせるのだから幸せだ」

たしかにそういう老後もありだと思います。

でも同時に、ボケたらボケたでべつの楽しみが生まれます。買い物や料理といった日常生活は不便になっても、自分が認知症であることをあっさりと受け入れて（自分でボケていることに気づいていないことも多いのですが）、介護施設のデイサービスやショートステイを利用することで、同じようにボケた人たちや施設の人たちとおしゃべりしたり、懐かしい歌を歌ったり、子どものようにゲームを楽しむことができるからです。

そういう話を聞いても、「ただの子どもだましだ」と思う人がいるかもしれません。

「ボケたから楽しめるんで、頭がしっかりしていればそんなことで喜ぶわけがない」

では、頭がしっかりしている人は、高齢になっても何か自分だけの趣味や遊びを楽しむことができるのでしょうか？

人と話すこともなく、むっつりと押し黙ってテレビを観ながら一日を過ごすような高齢者は、そんな生活を楽しんでいるのでしょうか？

ただのやせ我慢ではないかとわたしは思います。いくら頭がしっかりしていても、何の刺激も楽しみもない日々を過ごすくらいなら、ボケてもいいから屈託のない笑い声を上げる生活のほうがはるかに幸せな日々だと思います。

## 「ボケ」という言葉が意味するもの

いま、医療や福祉の現場でボケという言葉は使わないようにしています。認知症の人を「ボケ」と呼ぶのは侮辱になるからです。

ではボケという言葉そのものに侮辱的なニュアンスがあるかといえば、必ずしもそうとは限りません。「おれもボケてきたなあ」とか、「おたがいボケたね」といったやり取りは、「歳をとったなあ」という程度の意味で使われることが多いからです。

つまり、自分の老いを納得し始めた人にとって、ボケはふつうに使われている言葉です。蔑視や侮辱的なニュアンスもなくて、脳の老化がもたらす自然な状態ということもできます。

関西人はボケをさらに広い意味で使います。よく知られているように、ボケとツッコミは漫才の掛け合いそのものですが、ボケにはキャラクターとしての魅力があります。「天然ボケ」は少しも蔑視ではなく、むしろ愛すべきキャラクターになってきます。

ところがその一方で、ボケという言葉を吐き捨てるように口にする人がいます。自分の子どもに「ボケたんじゃないの」とからかわれると、「ボケとはなんだ！」と怒るような人です。

「ボケたらもうおしまいだ」とか、「ボケてまで長生きしたくない」と言う人もいますが、その場合のボケは認知症を指しています。

そういう人にとって、ちょっとしたもの忘れや言い間違いを「ボケたの？」とからかわれることは、我慢できないのでしょう。

でも、ボケをそこまで嫌ってしまえば、自分のボケはかたくなに認めない老人になってしまいます。家族や周囲の人がどんなに勧めても医者に診てもらおうとはしないでしょう。

これは、実際に認知症になってもその発見が遅れるということです。初期の段階で対処法を知れば進行を遅らせることができるかもしれないのに、ボケを蔑視する人は逆にそのボケにしっかりとつかまってしまうのです。

## 「わたしもやっとボケの仲間入り」と思える人がいい

認知症は英語でdementiaと呼びますが、このdementiaというのは痴呆《ちほう》のことです。日本でもかつては痴呆症という呼び方があって、いくらなんでもこの名称は侮辱的だというので認知症と改まった経緯があるのですが、英語ではいまもdementiaのままです。

たしかに痴呆症という名称は侮辱語だと思いますが、では認知症ならいいのかといえば、そうとも言い切れません。認知、つまり基本的な判断や理解ができなくなるという意味では、認知症もまた侮辱語には違いないからです。この本の中でも説明していきますが、認知症になっても相手の話を理解できるし、自分の考えを理路整然と話すことだってできるのです。

ボケという言葉も同じで、精神医学の世界ではなるべく使わないようにしようということになって、かつての「呆け老人をかかえる家族の会」も「認知症の人と家族の会」と名前が変わりました。

ただ、名称に対してあまり過敏になると言葉狩りの側面が出てしまい、かえってボケの愛すべき部分が忘れられてしまうような気がします。わたしの患者の高齢者も、「このごろボケて困ります」と言うことはありますが、「認知症になってしまって」とは言いません。

繰り返しになりますが、85歳を過ぎればほとんどの人の脳にはアルツハイマー型の変化が起こるのですから、早いか遅いか、あるいは程度の差はあっても高齢になるというのは認知症ゾーンに入るということです。そのゾーン全体をボケという言葉でふわっと括《くく》ってしまい、能力の低下を悲しむだけでなく、それを受け入れ、楽しむぐらいの気持ちになったほうが幸せな人生ではないでしょうか。

そこでもし、ボケを恐れたり蔑視するような気持ちになると、結局は自分を不幸にしてしまいます。「わたしもやっとボケの仲間入り」くらいの気持ちでいたほうが、自分が高齢になることを穏やかに受け入れることができるような気がします。

## 「嫌なこと」「つまらないこと」を忘れる力が備わってきます

かつて赤瀬川原平さんが『老人力』という本を出してベストセラーになったことがあります。それまではマイナスイメージでしか捉えられることのなかった老いを一気にプラスイメージに変えた内容ですが、高齢になるとものを忘れる能力や、つまらないことを気にしなくなる能力、つまり「老人力」が身につくというのはたしかにあります。

ボケも同じではないでしょうか。

ボケたくない、認知症にだけはなりたくないと願っても、高齢になればボケは避けられません。

どうせ避けられない現実なら、ボケることのプラスイメージを育《はぐく》むほうがはるかに前向きな生き方になってきます。たとえば過去の嫌な思い出、毎日の決まりきった約束事、そういうものからすべて解き放たれて、楽しい思い出に浸ってのんびりと過ごすことができるのなら、それは幸せな時間ということもできます。ボケることでそういう時間を取り戻せるとしたら、認知症はわたしたちの人生の最後に用意されているプレゼントと受け止めることだってできます。

およそ5年前（2018年）の3月に吉永小百合さんの主演で『北の桜守』という映画が公開されましたが、じつはわたしも医療監修という立場でこの映画に関わらせてもらいました。ストーリーの詳しい紹介はできませんが、吉永さん演じる主人公の「てつ」は自分自身の認知症と正面から向き合っています。

試写を観て、ラストシーンをとてもいいと思いました。認知症になったことで、「てつ」は長年、苦しめられてきたトラウマから解放され、ほんとうに幸せそうな笑顔を浮かべることができたからです。

わたしはこの映画には、「認知症になったことで幸せになる人もいる」というテーマが隠れていると感じました。

## ボケは幸せの「お迎え」かもしれません

認知症になっても子ども時代の記憶はそのまま残っていると思われがちですが、そうではありません。覚えているのはつらかったことや楽しかったこと、さまざまな喜怒哀楽の中でいちばん強く揺り動かされた感情が、最後の記憶の世界として残ります。

では嫌な思い出や悔やまれることがいつまでも残り続けるかというと、これもそうではありません。認知症は、つらい記憶でも自分に都合のいいように書き換えてしまう力があるからです。たとえば若いころに夫の浮気に悩まされたとしても、その記憶は消えて夫の笑顔ややさしさだけが蘇ってくるようなことです。

わたしが老年科医師を務めている川崎幸クリニックの院長・杉山孝博先生は、この現象を「自己有利の法則」と呼んでいます。認知症の人に共通して見られるいくつかの法則の一つですが、杉山先生はそれが「自己保存の本能」から生まれてくると考えています。自分を守る本能、もっといえば、自分の人生を肯定する本能がわたしたちには備わっているからです。

つまり認知症というのは、高齢者のそれまでの人生を幸せなものに塗り替えてしまう力が秘められています。事実がどうであろうと、本人が自分の人生を幸せだった、楽しかったと思い出すことができるなら、そのまま幸せな高齢者として穏やかに過ごすことができます。「認知症は神様がくれた病気」という人もいますが、わたしも同感です。

したがってもし、自分の親が認知症になったとしても、本人の記憶を「それは違うよ」とか、「あのときはこうだった」と打ち消すのは意味がないと言うべきでしょう。その人の中に生きている物語をそのまま受け入れたほうが、本人はもちろん、見守る家族も楽になるからです。

## いまも古いイメージにとらわれていませんか

介護保険制度が始まるまでは、認知症は痴呆と呼ばれ、これといった対策もあまり取られず、ホームに入ることができるまではそれぞれの家庭で対応するしかありませんでした。このひどい呼び方が示すように、まともな人間として扱われないケースが多かったのです。

その当時はまだ、いまのような超高齢社会ではありません。その兆しは見えていましたが、たとえば１９６０年の平均寿命は女性が70歳、男性が65歳です。高度成長期を迎えたころの日本人がこんなに早く死んでいたなんて、ちょっと驚いてしまいます。

いまの時代、男性の65歳なんてまだ現役です。「さあ、これからどう生きてやろうか」とあれこれ計画を巡らす年代です。女性の70歳はそれ以上に華やかで、グループで旅行に出かけたり趣味を楽しんでいる人がほとんどです。

もちろん、一般的にはまだ認知症になるような年齢ではありません。つまり平均寿命が短かった時代には、男性も女性も認知症になる前に死んでいたということです。

したがってかつては、恥ずかしい病気、特殊な病気というイメージがありました。認知症のお年寄りがいる家庭では、それを世間に隠そうとして鍵のかかる部屋に閉じ込め、食事だけ与えるという例は珍しくありませんでした。

いまは違います。

男性も女性もこれだけ寿命が延びると、認知症のお年寄りを抱えている家族はごく当たり前になっています。

介護保険が始まってから、デイサービスや訪問介護を受けられるようになったり、認知症の患者だけで生活できるグループホームも各地に作られています。同じ悩みを抱える家族の人たちの交流の機会も増えていますし、認知症カフェのように患者や家族が一緒に過ごせる場所も増えてきました。

たしかに認知症患者の交通事故や、介護する家族の大変さが社会的な問題として取り上げられることは多いのですが、2025年には日本の認知症患者は700万人を超えるとされています。

よく問題にされてしまう「徘徊《はいかい》」にしても、実際にはごく一部の人の症状にすぎず、大部分の人は地域や家族に見守られながら穏やかに暮らしているという現実こそ、もっと注目されてもいいはずです。

## 新しい「ボケ観」が必要になってきました

超高齢社会がこれだけ進んでくると、いったい何歳からが高齢者になるのかわからなくなってきます。行政や介護保険の分野では75歳以上がいわゆる後期高齢者とされますが、その年齢で若々しい人はいくらでもいますし、グループで旅行なんかしている様子を見るとお年寄りというよりは元気なおじさん、おばさんの集まりにしか見えません。

もともと高齢者というのは、その社会の中で高齢に属する人たちといった意味ですから、年齢層の分布によっても変わってきます。平均寿命が60歳という時代には定年が55歳でしたから、50代後半の人を高齢者と呼んでもおかしくないことになります。

いまの時代でしたらたぶん、80歳を過ぎれば高齢者になるのでしょうが、あと5年もすれば団塊世代が続々とその年齢に達します。そうなればもう、80歳は分厚い年齢層なのですから、わたしたちの感覚としてさらにその上の85歳ぐらいが高齢者になってくるかもしれません。これはもう、認知症ゾーンに達した世代です。

以前、雑誌の『クロワッサン』が認知症の特集を組んだことがあって、その中に「世の中には、いま認知症の人とこれから認知症になる人しかいない」という言葉がありました。思わず頷《うなず》いてしまいましたが、たしかにそういう時代になっているのです。

そうだとすれば、「わたしは絶対にならない」とか「ボケたらおしまいだ」といった、恐れや蔑視は意味のないこと、無用なことになってきます。むしろ、長生きした人に幸せな晩年が訪れるように、人間の脳にあらかじめ仕込まれたプログラムと受け止めたほうがいいような気がします。

実際、かつては社会から隔離されてきた認知症の人たちが、いまはさまざまな場所で自分から発信したり本を出したりしています。家に閉じこもるのではなく、地域や社会の中で自分の生きがいを見出して活動している人も大勢います。

そういう様子を見ていると、つくづく、認知症は新しいステージに移ったのだなあと感じます。たとえボケても、これまで生きたことの幸福感さえ忘れなければ、周囲の人に見守られながらできることはいくらでもあるからです。ボケはむしろ、慌ただしかった人生の最後に用意された「安息の時間」と受け止めてもいいような気がします。

## ボケることで「わたしのせいで」から解放されます

独居老人と、家族と同居する老人では、前者のほうが孤独で不幸なように思われがちです。

でも現実には、家族と同居する高齢者のほうが自殺率が高いというデータがあります。一緒に暮らしていることで迷惑をかけているという自責感のせいです。

では認知症の場合はどうでしょうか。

認知症の現れ方や症状は人によって異なります。ほんとうに十人十色ですから一概には言えないのですが、一般的な傾向として自責感にはそれほどとらわれません。ボケてしまえば、たとえ周りに迷惑をかけても、迷惑をかけていることさえ意識しないからです。

それで本人がニコニコしていれば、周りもつい許してしまいます。「しょうがないなあ」で終わってしまいます。おたがい、気を遣わないでやっていけるのです。

ただし十人十色と書きました。認知症になって子どもや配偶者に介護してもらうことを気に病むタイプもいます。

初期の段階ではとくにそうで、性格的に気丈なタイプは周りに迷惑をかけることを嫌います。やむを得ず手を借りたときでも、「わたしのせいで」とか「そんなことまでしてもらって」と家族に気を遣いますから、どうしても自責感を持ってしまいます。

じつはこのことにも一つの問題があって、認知症になりたくないとか、自分のボケを認めようとしない気持ちの裏側には、周りに迷惑をかけてはいけないという強い思い込みがあります。

その思い込みから抜け出すためにも、認知症は脳の老化に伴う自然な姿だという認識が大切になってくるのですが、この問題はつぎの章でもっと掘り下げてみましょう。とにかく、ボケてしまえば自責感からも解放されていくというのは事実です。「わたしのせいで」という周囲への心苦しさを、あまり意識することはないのです。

## ボケてから始まる新しい人生があります

高齢になるということは、肩の荷を下ろすということでいいはずです。人それぞれ、長い人生にいろいろなことがありました。つらいことも楽しいこともあったし、幸せな時期もそうでない時期もありました。

ずいぶん忙しい思いもしてきました。仕事、家事、子育て、もろもろの人間関係、とにかく心の底からのんびり過ごせる時間というのはそんなにはありませんでした。

「やらなければ」という義務感や責任感にいつもとらわれてきました。相手の気持ちを察したりその場の空気を読んだり、自分がどう思われているかということを気にかけてきました。後悔することもたくさんありますし、忘れてしまいたいこともあります。

ボケるというのは、そういった呪縛からすべて解き放たれるということです。少なくとも、そういう考え方ができるとわたしは思っています。

もしそういう考え方ができれば、ボケというのは人生の終盤に用意された、しかもだれでも手にすることのできる安息の時間ということにならないでしょうか。

なぜなら、たとえボケても自分にとって楽しかったこと、感情に深く刻まれたことは忘れないからです。長く生きてきたことを、素直な喜びとして受け止めることができるからです。

しかも、そこからの人生だってまだ長いのです。ゆっくりとボケていく人には、新しい人生が始まります。

そんな気持ちで、ボケを受け止めることができたら、高齢になることへの不安も薄れていくとわたしは考えています。

第2章

# 「できることをやる・できないことは頼る」でいい

## ボケはただの老い。老いはゆっくり始まっていく

認知症の診断基準となる長谷川式スケール（正確には「長谷川式簡易知能評価スケール」）の開発者で、精神科医の長谷川和夫さんが一昨年（2021年）、92歳で亡くなりました。長谷川さんは亡くなる4年ほど前に自分が認知症であることを講演会で発表しました。そのとき88歳でした。その年代では認知症になってもおかしくない年齢、なるのが自然な年齢ということもできます。

「ショックかって？　歳をとったんだからしょうがない」

ある新聞のインタビュー記事の中で、あっさりとそう答えていました。

長谷川さんは以前から、自分が認知症になったらよく観察して報告したいと話していたそうです。日本の認知症医療の第一人者で、50年も前から関わってきた方ですから、冷静に、客観的に自分自身の観察ができたのだと思います。

でもこういった話を聞くと、「えっ、認知症になってそんなことができるの」と驚く

人がいます。記憶だけでなく、理解力や知能まで衰えるのが認知症だと思い込んでいる人が多いからです。

実際には違います。理解力が弱まったり知能まで衰えるのはずっとあとの話で、初期の段階では記憶が曖昧になって何度も家の鍵をかけたかどうか確かめたり、あるいはその日の日付がわからなくなったりという程度です。

もちろんそういう状態でも不安にはなりますが、人と話したり自分の考えを説明することもできます。長谷川さん自身、かつては自分を認知症だという人が理路整然と話す様子を見て、疑いたくなることもあったそうですが、いざなってみれば講演もできるし、インタビューに答えて自分の気持ちを言葉にすることもできます。

つまり認知症になっても、しばらくの間はふつうの人とそれほど変わらないのです。日常的なコミュニケーションはもちろん、もう一歩踏み込んだ言葉のやり取りもできるし、相手の話もちゃんと理解することができます。

しかも早い時期に認知症とわかれば、デイサービスなどでその進行を遅らせることができますから、ボケは緩やかなままです。「わたし、じつは認知症なんです」と打ち明けても、他人は信じてくれないかもしれません。

## 長く続けてきたことは、まだまだできます

「この世に生きているうちは、社会や人様のお役に立てることは進んでやりたい。多くの人の支えや絆に感謝しながらね」

長谷川さんがインタビューに答えた言葉です。わたしもまったく同感です。

認知症に対する大きな誤解の一つに、それまでできていたことが何もできなくなるという考え方があります。

たしかに症状の進行に伴って、「できていた」ことが「できなくなる」という現実はありますが、「何もできなくなる」ということはありません。「できなくなる」にしても、「それまでのようにはできなくなる」ということで、助けを借りたり見守ってもらうことで、ちゃんとできることがたくさんあります。

それどころか、長い間、培ってきた知識や技術、あるいはキャリアといったものは、

たとえ認知症になっても簡単に消えてしまうことはありません。たとえば高齢になっても現役として活躍し続けた俳優の中には、セリフが覚えられなくてもその分、味わいのある演技で魅了した人がいますし、医者や学者、弁護士、政治家、映画監督といった定年のない職業の中にもじつは認知症だったという人がいます。

長谷川さんも長い間、認知症治療に取り組んできた経験を活《い》かし、講演を通じて認知症に対する理解を広げていきたいと亡くなる前まで明言していました。自分が認知症になったからこそ、それができるのだと考えておられたのです。

じつはわたしも、自分が認知症になったらどう生きるかと考えることがあります。ここまでにも書いてきたように、認知症は脳の老化に伴う自然な姿なのですから、自分がそうなってしまうことは仕方ないのです。それでもできることがあるうちは、それをやり続けるのだろうなと思っています。

たとえば認知症の人を支えることです。自分が認知症になることで、いまよりもっとその人の気持ちがわかるようになると思いますから、医者としてできることがきっとあると考えています。映画を撮ったり創作活動を続けたり、とにかくできることをやり続けようと考えています。

## たとえボケても「残存能力」は活用できます

アルツハイマー型認知症の場合、脳のどの部位に変性が強いかによっても症状の現れ方が違ってきます。一般的には人間だけに発達した大脳新皮質や、記憶に携わる海馬《かいば》の萎縮が特徴ですから、記憶力の衰えから始まることが多いのですが、逆に言えばそれほど萎縮の見られない部位もあるということです。

これは、ボケても脳にはまだ活用できる機能が残されているということです。早期に適切な治療を受ければ、その進行をある程度は遅らせることもできますから、たとえ認知症とわかってもいままでどおりにできることはいくらでもあるのです。

ところがボケを蔑視したり、無用な恐れを持ってしまうと、自分が認知症とわかったときに「できなくなること」だけを思い浮かべてしまいます。

「一人で外出もできない」とか「家事もできない」「約束もできない」「これからもっと

できなくなることが増えてくる」と考えてしまうのです。

すると、できることがあるのにそれもやらないで、閉じこもってしまうようになりかねません。これではせっかく残っている能力（「残存能力」）も活用されなくなりますから、脳の老化がさらに進んでしまいます。

実際、ボケても元気な人、朗らかな人は、自分の残存能力を十分に活かしている人です。できることを楽しんでいる人です。

たとえば野菜作りや漬物が得意なおばあちゃんのように、ボケても身体で覚えていることは不自由なくできますから、子どもや孫に喜んでもらうと自分も嬉しくて張り合いが持てます。

写真が趣味、絵が好き、俳句仲間と句会を開くのが楽しみという人も、ボケたぐらいで好きなことはやめませんから、朗らかに過ごすことができます。

手先の器用な人、仕事で何かの技術を身につけた人も同じです。その能力を他人のために役立てることができます。とにかく失われた能力を気にするより、残っている能力を大事にする気になれば、ボケは生活の中の一部分にすぎなくなってくるはずです。

## なぜ「迷惑をかけてはいけない」と思い込むのですか

たしかにできないこともあります。これも症状の現れ方は人によってさまざまですが、記憶力の衰えだけでなく、言葉が出にくくなったり、場所がわかりにくくなったりします。やりたいことがあっても、その実行がむずかしくなったりします。

でも、できないことは助けてもらえばいいはずです。できることをやって、できないことは他人の手を借りたり、支えてもらうというのは、高齢者にとって少しも不自然なことではありません。

たとえば友人と会いたくなったときには、待ち合わせの場所までだれかに連れて行ってもらったり、あるいはその友人に迎えに来てもらえばいいのです。「迷ったらどうしよう」と考えて、会うのをやめてしまうのでなく、どうすればちゃんと会えるかを考え、不安があるときには相手に助けてもらえばいいはずです。

そのときいちばん妨げになるのは、「でも迷惑をかける」という気持ちではないでしょうか。すでに触れましたが、この「周りに迷惑をかける」という気持ちが、認知症への拒否反応をどうしても引き起こしてしまいます。

何度でも繰り返しますが、認知症は数ある老いの姿の中の一つにすぎません。高齢になればだれでも、足腰が弱ったり重いものを運べなくなったり、耳が遠くなったり疲れやすくなったりします。

それでも外出したりやりたいことをやろうと思えば、多かれ少なかれ、家族や周りの人たちの手を借りなければいけません。極端な言い方をすれば、高齢になっても人生を楽しもうとする限り、周りに迷惑をかけることは避けられないのです。

ところが日本人の場合、この「迷惑をかける」ことへの罪悪感がとても強く、それがしばしば認知症への誤解を生み出す原因にもなります。「ボケたらみんなに迷惑をかける」と思い込んでいる人があまりに多いのです。

現実には認知症患者の9割の人が介護サービスを利用したり、さまざまな機会に人と会ったり話したりしていて、周りに迷惑をかけることもなく暮らしています。それでももちろん、介護する家族には大変なこともありますが、幸せそうなおじいちゃん、穏やかな目をしているおばあちゃんに癒やされる時間だってあります。おたがいに、相手を必要としている限り、迷惑という言葉は浮かんでくることもないのです。

## ずいぶん頑張ってきたんだから、少しわがままになっていいのです

脳の老化は前頭葉から始まりますが、ここは感情のコントロールを受け持つ部位でもあります。歳をとると頑固になるとか怒りっぽくなる、わがままになるというのはたいていの人が感じることですが、べつに認知症でなくても老化に伴う自然な現象だと受け止めてください。

もちろん、穏やかな老人のほうが好かれます。年齢に関係なく、怒りっぽい人よりにこやかな人のほうが好かれるのですから、できれば機嫌のいい高齢者でありたいとだれでも望むはずです。

でも同時に、老化に伴う自然な姿だと割り切ってしまえば、少しぐらいわがままにな

ることも気にしなくて済みます。「しょうがないよ、歳なんだから」と受け止める家族だっているはずです。

実際にはどうでしょうか。

家族はともかくとして、自分のわがままを禁じたり押さえ込んでしまう老人のほうが多くないでしょうか。

「こうして迷惑ばかりかけているんだから、わがままを言ってはダメだ」

「わたしが我慢すれば済むことだ、これ以上、迷惑をかけてはいけない」

そう考えてしまうお年寄りです。またしても「迷惑をかけてはいけない」です。

『安楽死を遂げるまで』（宮下洋一著・小学館）という本に紹介されていますが、海外では自分が苦しい、痛い、つらいといった理由で安楽死を望むのであって、人に迷惑をかけるから安楽死という発想はないそうです。

ところが日本では、安楽死を望むのは「これ以上、迷惑をかけたくない」という人が多数派になります。どこまでも迷惑を気にするのが日本人なのです。

でも、これだけ超高齢社会になったら、そろそろそういう息苦しい倫理観からは自由になってもいいはずです。それまでの人生、ずいぶん頑張ってきたのですから、老いたら少しぐらい迷惑をかけていいし、わがままになっていい。そう考えたほうがずっと楽になります。

## ボケても人と会い、頭を使う人が最後までしっかりしています

俳人の金子兜太《とうた》さんが5年ほど前（2018年）に亡くなりました。98歳でした。もちろん、その年齢になれば脳機能の低下は避けられません。金子さんも認知症だったと新聞に報じられていました。

けれども亡くなる直前まで、全国紙の投稿俳句の選者を務めたり、本を出したり主宰する俳句誌に原稿を書いていました。自分よりはるかに若い同人たちと句会を開き、議論を交わし、俳句も旺盛に作っていたそうです。

そういう話を聞くと、いったいどこが認知症なんだと思いたくなります。98歳ですか

ら多少のボケはあったとしても、それだけ知的活動を続けられるんだから認知症とは呼べないんじゃないかと思う人だっているでしょう。

ここにも誤解があって、たとえ認知症になっても中期ぐらいまでは、備わった能力や長年、磨き続けた能力はほとんど衰えることなく保たれます。ただし、そういう能力を保つためには頭を使い続けることが前提になってきます。

では、頭を使い続けるために大事なことは何かといえば、わたしは人と会うことだと思います。計算ドリルや語学の勉強といったことでも、脳のトレーニングにはなるかもしれませんが、それを目的にしてしまえば楽しくありません。嫌々続けても脳は喜ばないのです。

人と会うことは違います。

親しい人や好きな人、趣味が共通する人と会うのは楽しいですし、相手の気持ちや考えを理解しようとしたり、自分の考えを言葉にしたり、あるいは笑いや活気が生まれることで感情も大いに刺激されます。こういったことはすべて、脳の老化がいちばん最初に始まる前頭葉の刺激にもなるのです。

金子さんは認知症になってもコミュニケーション能力はほとんど衰えることがなく、そのことで医者が驚いたといいます。たぶん、体力の続く限り若い同人たちと活発なやり取りを続けていたからでしょう。

ということは、逆説めいた言い方になりますが、認知症の進行を早める生活スタイルの一つとして、「人と会わない」「出かけない」というパターンがあるということです。出かければ迷惑をかけるという考え方のほうが、どんどん認知症を進めてしまい、結局は迷惑をかけることになってしまうのです。

## できること、できないことを割り切ってしまうこと

認知症を進めてしまう生活スタイルがもう一つ、あります。「あきらめ」です。「どうせ治らない」とか「もうおしまいだ」と考えて、いまできることまであきらめてしまうようになると、認知症はその進み方も早くなってしまいます。

実際に治療をしている医者のほとんどが実感していることですが、できることにはあきらめずに取り組む人や、やってみたいことはだれかの手を借りても挑戦してみるような人は、同じような脳機能の衰えがあったとしてもあきらめる人よりはるかに進行が遅くなります。

たとえば独り暮らしの高齢者は、家族と同居している高齢者より自分でやらなければいけないことがたくさんあります。いまできていることは、あきらめずに実行していくしかありません。そういう努力を続けている限り、認知症の進み方も遅くなります。

ところが家族と同居している人は、少しでも不安になったりうまくいかないときにはあきらめてしまいます。

それ以前に家族が「危ないから大人しくしてください」とやめさせることが多いのです。

意欲の問題にも関係してきます。

認知症になっても進行の遅い人は、「ボケたぐらいで落ち込んでいられるか」と元気です。「できることはまだまだあるんだから、あきらめないぞ」とやる気を失いません。

進行の速い人は逆で、「これもできなくなるんだ、あれもできなくなるんだ」とできなくなることばかりを思い浮かべてしまいます。これでは、いまできていることもすぐにできなくなってしまいます。

たしかに認知症になれば、遅かれ早かれできないことが増えてきます。でも、自分からわざわざできないことを増やす必要はありません。

できていることはとにかくやり続け、できなくなったことは仕方ないと割り切る。そういう生き方でいいはずです。

## 毎日を楽しむことの大切さ、これを忘れないようにしましょう

自分が認知症だとわかったときには、だれでもショックを受けます。

「これからどうなるんだろう」という不安で、抑うつ状態になるケースも珍しくありません。人前に出たり、他人と話すことにも消極的になってきます。

でも、そこから症状の進行をスローダウンさせることはできます。少なくとも、わざわざ自分から認知症を悪化させるような暮らし方をする必要はありません。

そのとき大切なのは、一日一日を楽しむことです。閉じこもらずに、人と会ったり美味しいものを食べたりきれいな風景を眺めたりすることです。

「認知症であるという事実は、あなたのほんの一部でしかありません。散歩したり出かけたり、とにかくその日一日を楽しみましょうよ」

これは46歳で認知症と診断され、30年近くも認知症とともに生きてきたオーストラリアのクリスティーン・ブライデンさんの言葉です。講演や国際会議を通じて認知症の人たちとの交流を深めている女性ですが、認知症なんて「数ある病気のひとつ」に過ぎないとはっきり言っています。

なかなか言葉が出てこないとか、人ごみに出ると疲れてしまうとか、突然の出来事に対応できないといった苦労があるとしても、好きなことをして一日を楽しみながら暮らすことはできるし、そういう暮らしを続けている限り、認知症の進行も緩やかになります。

もちろん「そうは言っても」と考える人もいるはずです。

「一日を楽しんだほうがいいというのも、いまだから理解できることで、実際に認知症になったらそんなこと忘れてしまうんじゃないか」

大丈夫です。何度でも繰り返しますが、ほとんどの認知症はゆっくりとしか進みません。たとえ失見当識《しっけんとうしき》（時間や場所、周囲の状況などが正しく認識できなくなること）が始まってもまだまだ頭はしっかりしていますし、人の話も理解できます。親しい人と一緒にその時間を楽しむことだってできるのです。

むしろ、相手が家族や友人だからこそ、認知症も含めてありのままの自分で向き合うことができます。そういう時間を屈託なく楽しむ気持ちを忘れなければいいのです。

## デイサービスは「老人の幼稚園」と見抜いたおじいさん

認知症患者と接してきて感じるのは、あまりプライドが高いといいボケ方をしないいなということです。

たとえば「オレはボケてない、デイサービスなんか行きたくない」と言い張るような人です。

「年寄りを子ども扱いして何が面白いんだ」とか、「ああいうところに行って喜ぶのはヒマな年寄りだけだ」と蔑視します。自分をボケ老人と同じに扱われるのが我慢できないのです。

そういう人は、たとえデイサービスに通ったとしても周囲の老人とつき合おうとはしません。おしゃべりの輪に加わってお茶を飲んだり、みんなでゲームをしたり歌を歌ったりというのもしません。ポツンと離れて不機嫌そうに過ごすことが多いのです。でも、ヘルパーさんや施設の人が話しかけると返事をします。自分を特別扱いしてもらえば、それはそれで満足なのです。

ただ、ふだんは気むずかしい顔をして周囲に壁を作ってしまいますから、みんなもこういうタイプの老人とはつき合いません。せっかくデイサービスに通っても他人とのつき合いは広がらないのですから、家に閉じこもっているのと大して変わらなくなってしまいます。

いいボケ方をする老人は、その点で屈託がないというか、洒脱《しゃだつ》なところがあります。80代のあるおじいちゃんは、娘さんにデイサービスを勧められるとあっさり「いいよ」と答えたそうです。

「あれこれ声をかけられてうるさいかもしれないけど、嫌なら断ってもいいから見学がてら行ってみて」

娘さんが遠慮がちにそう言うと、「大丈夫だよ」と気にしません。

「ヘルパーさんの言うこと聞いて、みんなと同じことをすればいいんだろ。老人の幼稚園みたいなものさ」

こういうおじいちゃんなら安心です。どこがボケているんだろうと思うくらい、頭もしっかりしています。それでも認知症には違いないのですが、人と話したり機嫌よく暮らすことでボケはゆっくりとしか進まないのです。

## プライドにこだわると「できない自分」に失望してしまう

ある老人ホームでこんな話を聞いたことがあります。

ものすごく嫌われ者のおばあちゃんと、みんなに愛されるおじいちゃんという両極端の入所者がいたそうです。どちらも認知症です。

おばあちゃんのほうはヘルパーさんや看護師さんに文句ばかりいい、すぐに他人を責めます。ものを盗られたという被害妄想も強くて、ほかの入所者はだれも近づきません。

おじいちゃんのほうはいつもニコニコして、朗らかな性格です。ときどきヘルパーさんのお尻を触ったりしますが、「憎めないね」と笑って済まされます。

ところでこの二人のお年寄りを調べてみたら、若いころはまったく逆だったということがわかりました。

嫌われ者のおばあちゃんはすごくまじめな人で、ずっとご主人や家族に尽くしてきました。尽くす一方の人生で、周囲の人も「偉いねえ」「よくやるねえ」と感心していたそうです。

一方の愛されるおじいちゃんはどうかといえば、かつてはさんざん、浮気をして家庭内ではボロクソに言われていたそうです。妻からはもちろん、子どもたちからもバカにされることはあっても尊敬されることはなかったのです。ホームに入ったのも家族に愛想をつかされたからだそうです。

ところがボケてからは違います。かつて尊敬されていた人が嫌われ、嫌われていた人が愛されています。この違いがどこから来るかといえば、いろいろな要因があります。ただ、わたしが感じているのは、あまりプライドが高いといいボケ方はしないということです。

嫌われ者のおばあちゃんには、それまで自分が何でもやってきたというプライドがあるのでしょう。他人に後ろ指をさされるようなことはなく、むしろ尊敬されてきた人です。

そういう自分が施設に入り、認知症のお年寄りとして扱われるというのは、受け入れがたい現実になってくるはずです。周りのお年寄りを見ても、「なぜわたしがこんな人たちと同じにされるのか」という不満も生まれます。それが怒りや苛立ちとなって周囲とぶつかったのだと思います。

では、どうすればプライドを捨てることができるのでしょうか。

## ほんとうの「老いのプライド」を持とう

認知症になってもできることは、いくつもあります。

でもその中でいちばん大切なのは、「人生を楽しむ」ことです。

ところがプライドの高い人ほど、認知症になったら人生を楽しめないと思い込んでしまいます。「何もできなくなるんだから、何も楽しめなくなる」と考える人が多いのです。

するとまず、自分の認知症を認めようとしなくなります。よくあることなのですが、同じ会社に定年まで勤め上げて出世した人ほど、デイサービスや認知症の人たちの集まりを嫌います。「わたしは△△の部長まで務めたんだ」というプライドがどうしても邪魔をするからです。

ではそういう人が、できることは続け、できないことは人に頼れるかといえば、これもむずかしいです。他人の目にみっともない姿をさらしたくないと考えるからです。

そういった考え方の根本にある誤解は、老いと認知症を切り離していることでしょう。高齢になってもきちんとしていなければという思い込みからどうしても抜け出せないのです。

そこからまず変えていきましょう。

認知症は老いです。高齢になればだれもが経験するただの老いにすぎません。

でも、少しぐらい不自由を感じても、まだまだ人生を楽しむことはできます。むしろいちばんみっともないのは、つまらなさそうに生きている高齢者です。何の楽しみもなく、ただしょぼくれている高齢者です。

ほんとうにプライドがあるなら、「わたしはそんな老人にはならないぞ」でいいはずです。いくつになっても溌剌《はつらつ》さを失わず、楽しそうに生きている高齢者を目指すべきです。

実際に、そういうおじいちゃん、おばあちゃんはいくらでもいます。みんな、ふつうに暮らしている高齢者です。マスコミにはよく、スポーツや秀れた技術を100歳をすぎても衰えることなく楽しみ続けているケースが紹介されますが、ごくふつうのおじいちゃん、おばあちゃんだって、笑顔を絶やさず溌剌と暮らしていることは珍しくないのです。あの「きんさん・ぎんさん」だって、ボケていたのは間違いないでしょう。でも、少しも物怖じしないでワハハと笑っていました。

だからできることは続ける、自分の残存能力を活かして人生を楽しむ、それがほんとうの老いのプライドではないでしょうか。

第3章

# 「ボケ老人」より不幸な「うつ老人」

## 「うつ」には認知症と似た症状が現れます

うつ病と聞くと働き盛りの男性や女性がかかりやすいというイメージがあります。いまの時代、職場のうつは特殊なケースではなく、働きすぎが原因でうつ病を患うのは若い世代に増えているからです。

一方で、60代、70代のうつ病患者も増えています。こちらは現役を退いた人が大半ですから働きすぎということはありません。

そのかわり、目標や生きがいをなくしたり、病気や将来への不安を感じたり、かつてに比べれば人間関係も希薄になって孤独感を持ってしまったりという、さまざまな誘因があるのでしょう。意欲がなくなる、気分が落ち込む、感情が沈みこむ、眠れない、食欲がないといった抑うつ状態になりやすいのです。

それだけではありません。抑うつ状態は記憶力の低下や判断力の衰え、着替えも買い物もしなくなるといった症状も現れますから、年代的に認知症と間違われやすいのです。

その認知症にも、初期には抑うつ状態が見られます。認知機能の衰えを自覚すると不安を感じるからです。意欲も低下して沈み込んだ様子が見られたりします。

つまり、家族や身近な人が「認知症かな」と思ってもじつはうつ病だったり、逆に「うつ病かな」と心配するとじつは認知症だったというケースも多いのです。

これはわたしたち精神科医も注意しなければいけないことで、認知症とうつ病では対処の仕方や治療法もまったく違いますから誤診はできません。

簡単にいえば、うつ病は薬や治療で改善することはできますが、認知症はそれができません。したがって、誤診するとうつ病を悪化させたり、認知症の進行を早めることになったりします。非常にまずいのです。

ですからもし、身近の人に記憶力や判断力の衰えを感じたとしても、「歳だからボケたのかな」と軽く考えないで、専門医にきちんと診察してもらう必要があります。このことは、ふだんから接する家族にとって大切な心構えになってきます。

## 歳をとってからのうつ病は認知症より不幸です

うつ病は改善するけれど認知症は治らない……。

そのことだけを聞けば、「やっぱり認知症にはなりたくないな」と思うかもしれませんが、わたしに言わせれば逆です。いままで高齢者のうつ病を診てきて思うのは、うつのほうが不幸だなということです。

なぜなら歳をとってからうつ病になると、それまでの自分や自分の人生をすべて否定するようになります。「いいことなんか一つもなかった」とか、「何のために生きてきたんだろう」といった強い自己否定が生まれ、苦しみます。ほんとうはいいこともあったし、幸せな時期もあったはずなのに、それを全部忘れていままでの自分の人生を不幸の一色に塗りつぶしてしまうのです。

これでは本人が思うとおり、「何のために生きてきたのか」わかりません。せっかく長生きしても、自分を不幸と決めつけてしまったら苦しいだけの毎日になってしまいます。

うつ病は怖い病気です。最悪の場合は自殺に至りますが、自殺が日本人の死因の上位ということを考えると、たとえ高齢者であっても決してそのままにはできません。

しかも治療に時間がかかったり、たとえよくなっても再発しやすい病気ですから、長く苦しむ人が多いのです。

晩年にうつになってしまうと、それまでの人生がどんなに輝いていても、思い出すのは嫌なこと、不幸なことばかりになってしまいます。

「その点で」と言ったら無責任に聞こえるかもしれませんが、認知症は決して不幸な病ではありません。嫌なことも不幸なこともほとんど忘れてしまい、たとえ過去がどうだったとしても、いまは幸せそうにしている人が多いのです。

「でもそれは、ただのボケ状態だろう」と思う人がいるかもしれませんが、本人が穏やかな気持ちになれて、家族や介護の人たちにも愛されて、機嫌よく過ごすことができれば幸せな老後です。

少なくとも、うつ状態で自己否定をして苦しむよりは幸せだと思います。

## 記憶への不安はその人の気持ちも不安にさせます

初期の認知症はもの忘れが主な症状です。

といっても、もの忘れはほとんどの人にとってはごくありふれた出来事で、症状というほどのものではないかもしれません。「アレ、どこに置いたっけ？」とか、「アレ、何て言ったっけ？」といった、ものの置き場所を忘れたり名前が出てこないことはだれにでもあります。

中高年世代になってくると、「アレ」の連発でも会話が成り立ちます。「アレ、何だっけ？」「ああ、アレね、わかるけど名前が出てこない」「うん、とにかくアレのことだけど」といった調子で、とくに困ることもありません。

でもこういうもの忘れは、認知症ではありません。名前が出てこなくても、アレの指すものが何なのかはちゃんと覚えています。

人の名前も町の名前も映画のタイトルもすべてそうです。たとえ忘れてしまっても、忘れたという自覚はあります。昨日の晩ご飯のおかずを思い出せなくても、晩ご飯を食べた記憶はあります。

ある程度進んでからの認知症のもの忘れは違います。記憶がすっぽりと抜けてしまいますから、人の名前どころかその人と会ったことも、あるいはその人がどういう人なのかも思い出せません。存在が消えてしまうのです。昨日の晩ご飯だって、おかずを思い出せないどころか食べたことすら忘れています。

ということは、忘れたという自覚がないということです。思い出せないのでなく、記憶そのものが消えています。ここが一般のもの忘れと根本的に違うところです。

でも、こういったもの忘れは相手や周囲の人にとっては明らかに異常です。「どうしちゃったんだろう」と思いますし、それを言われれば本人も不安になります。自分はまったく覚えていないのに、相手は「そんなはずはない」と不思議がるし、自分自身、たとえば知っているはずの道順がまったく思い出せなかったり、約束したことも全部忘れてしまって相手をしばしば怒らせたりするようになると、「わたしはどうしちゃったんだろう」という不安が膨らんでくるからです。じつは、認知症というのは記憶が苦手になる状態ということもできます。

## 認知症でなくても嫉妬や妄想は生まれます

疑り深い人ほど認知症の悪い症状が出やすいという考え方があります。

「ボケてくると自分のものを隠されたとか盗られたという人が多い。認知症だから妄想的になっちゃうんだろうな」

たしかにそういう傾向はありますが、妄想は認知症によく起こる症状とまでは言えません。それよりも、認知症になると性格の先鋭化という現象が起こるのです。

脳の老化はまず、前頭葉の機能低下となって表れます。感情をうまくコントロールできなくなって、怒りっぽくなったり頑固になったりするのですが、認知症になって前頭葉が萎縮してくると、そういった傾向がさらに強まってきます。

たとえばもともと疑り深い人が、妄想的になって自分の財布が見つからないと、家族のだれかが盗んだと信じ込んでしまうようなことです。好きな食べ物でも、どこに置いたのか忘れたり、あるいは自分が食べてしまった記憶すらありませんから、「みんながわたしのものを盗んでいる」「意地悪して隠している」といった妄想がどんどん膨らんできます。

僻《ひが》みっぽくなったり嫉妬妄想に取りつかれるのも同じで、以前から多少そういう傾向のあった人が、認知症になってさらに先鋭化したということもできるのです。

ここで覚えておきたいのは、被害妄想や嫉妬妄想は認知症でなくても起こるということです。妄想というのは、間違った考えや判断に取りつかれたときにそれを確信してしまい、修正することができない状態ですから、うつ病でも起こります。自分はみんなに嫌われているとか、将来はすごく貧乏になる、悪い病気にかかっているといった考えを信じ込んでいる状態もうつ病の大きな特徴だからです。

認知症になっても被害妄想に取りつかれない人はいくらでもいます。ボケてもご機嫌なおじいちゃん、おばあちゃんで晩年をすごすタイプは珍しくありません。

でもうつ病は違います。罪悪感にとらわれたり、いままでの人生を悔いたり、孤独感に苛《さいな》まれたりといった状態が続きますから、認知症よりはるかに不幸なのです。

## 高齢者のうつ病は働き盛りの「うつ」より妄想が強くなる

高齢者のうつ病は若い世代や働き盛りのうつ病とは症状が少し異なります。妄想が多くなるというのもその一つで、被害妄想の場合は身近な人、たとえば身の回りの世話をしてくれる子どもや家族に対して「盗んだ」とか「隠した」といった妄想を持ちやすくなります。

若い世代の場合は、周囲の不特定多数の人間に対して妄想を抱くことが多いのですが、高齢者はそこが違います。

疑われた家族は「ボケてきたかな」と受け止めますから、あまり深刻には考えません。「ひどくなったら医者に診てもらおう」とか「認知症の判定テストというのがあったな」と思うくらいで、妄想につかまっている親を突き放すケースが多いのです。つい、「バカなこと言わないで」とか「そんなことするわけないでしょ」ときつく当たってしまいます。

一般的に妄想のある人にこの手の対応は逆効果になります。頭ごなしに否定されると、かえって妄想が強くなるからです。余裕を持って聞き流したり、あるいは「疑いたくなるのもわかりますけど」と共感してあげる態度も大事になってきます。

高齢化が進んだいまの時代は、50代、60代でもまだまだ親は健在です。でも、妄想が目立つようになったらうつ病の可能性も考えてみてください。口数が少なくなったり、いままで好きだったことに関心を持たなくなったりするのも認知症の初期には見られますが、うつ病でも同じような状態になります。

「ボケるような歳でもないのに」とイライラしたり、励ましたりしても、うつ病は改善されませんが、きちんとした治療を受けて薬を飲んだり、あるいは医者と話すだけで本人の気持ちは落ち着いてきます。

あるいは家族が積極的に話しかけたり、昔話を持ち出すだけでも本人の気持ちはずいぶん楽になります。できるだけ孤立感を持たないようにしてあげるというのは、認知症にもうつ病にも大切な接し方になってきます。

## 幸せにボケたいなら、できる努力はやってみよう

認知症の原因はあくまで老化に伴う脳の変性ですから、はっきり言って防ぎようがありません。

でもその進行は、本人の努力や生活スタイル、あるいは周囲の接し方に大きく左右されます。ここまでにもいくつか挙げてきましたが、「どうせ何もできない」と諦めてしまう人と、「できることはやり続けよう」と考え、希望を捨てない人とでは、ボケの進み具合がまったく違ってくるのです。

うつも認知症の進行を早めます。認知症になって将来への不安や絶望感に包まれ、気持ちが落ち込んで抑うつ状態になる人もいますが、それが認知症をさらに進行させてしまうのです。

なかにはうつ病と認知症の両方にかかる高齢者もいます。たとえば長い間、うつ病に苦しんでいた人がだんだん歳をとって認知症が始まるようなケースです。あるいは認知

症とわかってさらに悲観的な気持ちになり、それが抑うつ状態を悪化させてうつ病になってしまうようなケースです。

こうなってくると治療もむずかしくなりますから、高齢者のうつ病というのはそれ自体が不幸なだけでなく、認知症にとっても大きなリスクを招くことになります。

でも、いたずらに恐れても始まりませんね。ここでは二つの症状をはっきりと区別して考えてください。

一つはまず、うつ病はきちんと治療すれば改善されるということです。かんたんな病気ではありませんが、医者と話すだけでもずいぶん気持ちが楽になります。認知症は進行を遅らせることはできますが、治ることはありません。

もう一つは、うつ病は生活習慣や生き方、考え方を変えることで防げるということです。認知症の根本原因は老化ですからどんな人でも発症しますが、うつのほうは努力次第で予防が可能だということです。

だとすれば大切なのはまず、うつにならない生活習慣ということになります。できる努力はやってみる。それが、たとえボケても幸せな高齢者であり続けるコツになります。

## 楽しいと思うことをやれば、うつもボケも遠ざけられる

うつにならない生活習慣といっても、とくべつなルールや時間割はありません。むしろ、「こうしなければいけない」というルールを自分に課すほうがストレスを与えてしまいます。

そもそも高齢になるということは、いろいろなノルマや責任から解放されてくるということですから、わざわざ窮屈なルールで自分を縛る必要はないはずです。

そのかわり、やりたいこと、好きなことはボケても遠慮なく楽しめばいいのです。ここまでにも、できることは続けよう、できないことは手を借りようと書いてきましたが、毎日の暮らしを楽しむ努力は必要でも、ムリに頑張ってつらい努力までする必要はないのです。あるいは、やってみたいことがあるのに、迷惑がかかるとか、不安だからといった理由で我慢するのもストレスを生みます。あきらめてしまうことでボケも進みます

から、うつにも認知症にもいい影響は与えないのです。

たとえば旅行に行きたいと思ったら、どうすれば不安なく出かけられるか考えてみましょう。

親しい友人に声をかけて、一緒に出かけることができればずいぶん安心です。「わたしはボケが始まっているから、迷惑かけるけどよろしくな」とひと言、断っておけば、たぶん友人は「気にしなくていいよ」と応じるはずです。

あるいは旅行の目的地をずいぶん会っていない友人の住む町にするのもいいでしょう。ちゃんと事情を説明すれば、駅まで迎えに来てくれますから初めての町でも安心です。認知症になっても会話はじゅうぶんに楽しめるのですから、思い出話で大いに盛り上がるはずです。

趣味や好きなことでも、長く続けてきたのですからセーブする必要はありません。楽しいと感じる限りは脳も喜んでいる証拠で、それが前頭葉への刺激となって認知症の進行を遅らせます。そしてもちろん、嬉しさに満たされることでうつの予防にもなるのです。

## 自分らしい暮らし、自分に合った生き方が大切

たまたま旅行の話をしましたが、出かけるのは嫌いで本を読むのが好き、映画を観ているときがいちばん楽しいというのでしたら、それでちっとも構いません。「閉じこもってばかりいると早くボケる」という人もいますが、要はその人にとって楽しいこと、幸せな時間を大切にすればいいのです。

もちろん人と会って話すことは脳にも刺激を与えます。でもそれは、本人が会話を楽しんでいるときです。「刺激になるんだから」と言い聞かせて、気が向かないのにムリに人と会って話しても苦痛な時間しか生まれません。脳には逆にストレスを与えてしまうでしょう。

こういったことは、認知症であろうがなかろうが、年齢を重ねてきたらだれにでも大切な暮らし方になってきます。自分にとっての楽しさや幸福感を生み出すものを最優先

させる暮らし方こそ、うつの予防になってきますし、仮に認知症になったとしても進行を遅らせることにもなってくるのです。

あくまで医学的な見方をすれば、そもそも高齢者のアルツハイマー型の認知症の多くは、ゆっくりとしか進まないと言われています。老いとは本来、そういうものですね。

でも、老化に伴う脳の萎縮以外の要因が、認知症の進行を早めてしまうことがあります。それがここまでにも説明してきた「あきらめ」や不安、焦燥感などですが、加えて過去には認知症を世間に恥ずかしい病気として家族が隠してしまう傾向がありました。家の中に閉じ込めてしまうのですから、楽しいはずもないし幸せな気持ちにもなれません。

そういう時代には、いまよりもっと症状の進行も早かったはずです。つまり家族や周りの人の接し方が認知症の進行を早めてしまうことがあるのですが、このテーマは残りの章で取り上げてみましょう。

いまの時代は、かつてと比べると認知症に対する理解が格段に進んでいますし、認知症の人も自分から発言したり、家族以外の人との交流を持つようになり、そのための施設や場所も増えています。もう昔のイメージは払拭されてきているのです。

そういう時代に、自分らしい暮らしや自分に合った生き方を選ぶというのは、何の遠慮も要りません。好きなことをして幸せならそれでいいし、人と会って話したくなったらそれでいいでしょう。いちばん自然な暮らし方が、いちばん自然な老い方を導いてくれるはずです。

## ボケたおかげで幸せになる「力」がつく

自分らしく暮らそう、できることや好きなことだけ続けていこうと決めてしまえば、楽な気持ちで生きることができます。うつにならないためには、この楽な気持ちで生きるというのが大切な習慣になってきます。

同時に機嫌のいいボケになることができます。妄想や徘徊はほとんどの場合、不満や怒りといった悪感情がきっかけとなって起こりますから、感情が安定すれば収まります。すると周囲の人たちとも笑顔でつき合うことができます。

そうなってくれれば、ボケは強いのです。

過去の嫌なことはもちろん、ついさっき起きた嫌なことも忘れてしまいます。記憶に残っているのは楽しかったこと、幸せだったときのことです。そういう思い出なら、いくらでも話すことができます。

しかも自分に都合の悪い記憶は書き換えてしまいます。あるいは支えてくれる人や見守ってくれる人に対して自責感を持つこともありませんから、おっとりとした態度で向き合うことができます。

そういう様子を見ていると、周囲もつい許してしまうのがボケの強みです。しかも自分が得意なことや好きなことなら、少しぐらいボケても変わることなくやってのけるのですから、「やっぱりおばあちゃんはすごいね」とか「おじいちゃん、さすがだね」とほめてもらえます。それで自尊心も満たされますから、ますます機嫌のいいボケ老人になっていきます。

こういった説明は、楽観的過ぎるでしょうか？

本人や家族の気持ちを見過ごしていることになるでしょうか？

わたしも高齢者専門の精神科医として数多くの認知症患者や家族の人と向き合ってきました。中にはたしかにつらい思いをしている人もいますし、トラブルもあります。

でも、本人も家族も認知症を受け入れ、希望を失うことなく暮らし続けている限り、幸せそうに過ごしている高齢者のほうが多かったのも事実です。ボケたら何もできなくなるのではなく、ボケたおかげで幸せになる力がついてくるというのは、大切な受け止め方になってくると思います。

第4章

# あなたの身近なボケを愛すること
# いまからできること①

## だれでも自分の親のボケと向き合うときが来ます

ここまでの章で、認知症に対するさまざまな誤解や先入観をできるだけ取り除こうとしてきました。わたしが説明するまでもなく、かつてに比べていまの時代はずいぶん認知症に対する理解も広がっていますから、「たしかにそうだなあ」と落ち着いて受け止めた人もいると思います。

でも、そうはいってもいざ、自分が認知症と診断されれば戸惑いや不安が生まれます。老化が原因だから、遅かれ早かれだれでもなるとわかっていても、症状の現れ方は人さまざまです。どうしても悪いイメージだけが浮かんでしまい、冷静さを失ってしまうこともあるでしょう。

そこでここからの章では、たとえ認知症になっても明るさや前向きな気持ちを失わないために、いまからできることを考えてみます。

プロローグでも触れましたが、この本は「人はボケる」という前提で書かれています。

「どうすればボケを防げるか」ではなく、「どうすれば幸せなボケになれるか」ということを、認知症の人たちと長く向き合ってきた精神科医の立場から考えています。

そのほうが、ボケをいたずらに恐れたり、拒絶して生きるよりも、はるかにゆったりした気持ちで後半の人生を過ごすことができるからです。それが結果として、たとえボケてもその進行を遅らせたり、あるいは好きなことをいつまでも楽しみながら暮らしていくことにつながるからです。

そこでまず考えていただきたいのは、もはや人生１００年という言葉が現実味を帯びるほど、長寿の時代になっているということです。これは、60代、70代になっても、親はまだ生きていて不思議はないということです。現実に、70歳の人が90代の親と同居したり、あるいは老人ホームに入所している親を週末ごとに訪ねているようなケースは珍しくありません。

ということは、だれにとってもボケは身近な存在になっているということです。あなた自身もいまがそうなのかもしれません。自分はまだボケていなくても、親や親戚や、あるいは尊敬する人がボケてしまうのはありふれた出来事になっています。

そのとき、どんな接し方をするかであなた自身が幸せなボケになるか、不幸なボケになるかが違ってきます。簡単にいえば、ボケを愛せる人は自分も幸せなボケになり、ボケを愛せない人は自分も不幸なボケになるということです。

## ボケても楽しく暮らしたいという感情があります

これだけは明言できますが、ボケても幸せな人生を送る人たちは、見守る家族や周囲の人たちの温かな気持ちに支えられています。

実際、幸せなボケ老人は家族に愛され、慕われています。近所の人たちも、にこやかに挨拶をしたり声をかけたりしています。

そうなるまでにいろいろな葛藤はあったかもしれませんが、家族や周囲の人が「ボケも可愛いもんだ」というおおらかな気持ちになったとき、不思議なことにボケも穏やかになってきます。たとえば徘徊とか被害妄想といった厄介な行動が収まってくるのです。

これは、感情的に安定してくるということです。たとえボケても感情は失われませんから、いい感情に満たされているときには家族や周囲の人たちともいい関係を保つことができます。たとえば昔話に興じたり、好きな食べ物を「美味しいね」と言い合いながら食べているような時間は、単純ですが幸せな時間です。むしろ、嫌なこと、気になることもすぐに忘れてしまうボケのほうがその時間を楽しむことができるのです。

つまり幸せなボケは、幸せな家族に囲まれています。認知症の介護は大変なことのほうが多いのですが、だからといって患者を疎んじたり閉じ込めたり、あるいはきつい言葉を投げつけるといったネガティブな感情で接すれば、それが患者の感情を傷つけて症状を悪化させることにもなってしまいます。おたがいに不幸になってしまうのです。

いまのあなたはもちろん、ボケてはいません。まだ元気ですし、しっかりしています。だから記憶のどこかに留めておいてください。

もしあなたの家族のだれかがボケたとしても、その人にはあなたと同じ感情があり、あなたと同じように楽しく暮らしたいという気持ちがあります。不機嫌に暮らしたいと望む人なんかいないのです。そこはあなたとまったく同じです。

そのことを忘れずに、おおらかな気持ちで接すれば、その人はボケても幸せな人生を送ることができます。

その幸せそうな様子を見ていれば、あなたもきっと、こういうボケならいいなという気持ちになるはずです。

## 人とつき合い、世間とつき合う時間こそがボケを遠ざけてくれます

介護保険制度が始まるまでは、認知症患者はどちらかといえば世間から遠ざけられていました。家族が外に出したがらず、とくに都市部では家に閉じ込めてしまうケースが多かったのです。

でも介護保険制度が始まってデイサービスを利用できるようになると、介護する家族も気持ちが楽になりました。都会暮らしでも老いた親を家に閉じ込めなくてもいいようになり、たとえ限られた時間であっても安心して外出したり、自分の時間が持てるようになったからです。

それ以上に変わったのは認知症の患者本人です。家族以外の人とはつき合わず、世間ともつき合わない生活というのは息が詰まります。いくら認知症でも感情はふつうの人と同じですから、不機嫌になるし不満も溜まります。

そういう、感情的に抑圧された状態というのは、認知症の進行を早めたり、症状を悪化させる原因ともなります。たとえば家族が恐れる徘徊も、患者の機嫌が悪いときに起こりやすいのです。被害妄想や嫉妬妄想も同じです。

そういう症状が出ると、家族もまた「ひどくなった」と受け止めますから、いよいよ外に出せなくなります。おたがいが欲求不満になってしまうのです。

ところがデイサービスを利用して外の空気と触れたり、他人と触れ合ったりすることで、認知症患者の感情はそれまでより安定してきます。気分転換できれば機嫌がよくなるし、それによって家族も楽な気持ちで接することができるようになります。

そういう好循環が、実際に認知症の進行を遅らせる結果にもつながっています。ボケても会話はできるし、話が通じれば患者も安心しますから、精神的にも落ち着いてきます。

それが、徘徊や妄想といった症状を遠ざけてくれますから、本人はもちろん、家族にとっても、ボケているけど機嫌のいいおじいちゃん、おばあちゃんとして暮らすことができるのです。

## 声を「かけたりかけられたり」の暮らしが大切

認知症の場合、もの忘れのつぎに失見当識という症状が現れます。見当識障害とも呼ばれますが、簡単にいえば時間や場所の感覚がなくなってくる状態です。

今は何時なのか、自分はいまどこにいるのか、目の前にいる相手は自分とどういう関係なのかといったことがわからなくなってきますが、それでも会話はできます。相手の言っていることもわかるし、ちゃんとした言葉のやり取りはできるのです。認知症で人の話が理解できなくなったり、知能が落ちていくというのは、それよりずっとあとの状態です。

しかもこういった症状は、すでに述べたようにゆっくりと進みます。個人差もありますし、年齢によっても違います。若年性の認知症は進行が早いとされていますが、高齢者の場合はボケても会話や身近な人とのやり取りはとくに問題なくできる期間が長いのです。

ただ、そういう時期をどうすごすかで、認知症の進行も早くなったり遅くなったりします。たとえば家に閉じこもって暮らす高齢者と、ボケても人と会ったり声をかけたりかけられたりする高齢者では、後者のほうがずっと進行はゆっくりになります。

都会で暮らす人と地方で暮らす人の違いもあります。都会の場合は家族も万が一を心配してどうしても家に閉じ込めがちですし、隣近所とのつき合いも多くありませんから訪ねてくる人もいません。テレビを観て、出された食事を摂るだけの生活になりがちです。

地方の場合は、田舎ほど近所は顔見知りになりますから、外出して迷子になってもだれかが声をかけてくれます。「どこそこにいたよ」と教えてくれる人もいますから、家族もすぐに連れて帰ることができます。隣近所の人が訪ねてくることも多いでしょう。

すると、ボケていても話しかけられたり、みんなの会話をニコニコと聞いている時間も多くなります。「ボケても頭はちゃんとしているね」とほめられたり、機嫌よく暮らすこともできます。そういう暮らしなら、ボケの進み方もゆっくりになるのです。

## ボケた人に無用なストレスを与えてはいけません

自分の親が認知症とわかると、少しでもその進行を遅らせたいとか、まだまだちゃんとしていてほしいと考えるのは子どもとして当然のことです。

そこで、脳に刺激を与えなくちゃと考える人が出てきます。

「ぼんやりしていてもボケが進んでしまうから、いろいろ話しかけて頭を使わせよう」

そこまではいいです。

でも、「おばあちゃん、今日は何日だっけ?」とか、「何曜日だかわかる?」といった質問調の問いかけはやめましょう。「自分の誕生日ぐらい覚えているよね」「わたしの歳だってわかるよね」といった声かけも、NGです。記憶力のトレーニングとか、思い出すトレーニングのつもりだとしても、認知症の高齢者にとっては無用なストレスを与えることになりかねないからです。
記憶障害や失見当識が始まれば、今日の日付や今が朝か夜かもわからなくなってきます。

でも、それで困ることがあるでしょうか。新聞を見れば日付はわかるし、スマホでもわかります。今の時刻にしても時計を見ればいいだけの話です。

子どもに質問されて答えられなければ、本人は不安になります。自信もなくし、自分ができなくなったことだけを気にします。子どもも同じで、親のできなくなったこと、失われてしまったものだけを見てしまいます。

これでは親子の間にネガティブな感情しか生まれませんね。親は気持ちが沈んでくるし、子どももイライラしてきます。そこでたとえば、「ほんとに何にもわからなくなっちゃって」とか、「どうしてこうなっちゃったんだろう」といった言葉を投げつけるとどうなるでしょうか。

認知症になってもプライドはありますから、親は怒りや不安の感情に満たされます。それが暴言や徘徊となって表れれば、症状はますます進んでしまうことになります。

## その人の「変わらない部分」とつき合っていこう

90歳になっても近所の散歩が日課という高齢者は珍しくありません。天気のいい日は決まったコースを決まった時間に歩きます。

するとと以前から顔見知りの人や、同じ時間に幼児と散歩しているお母さんたちと挨拶を交わすようになります。あるおじいちゃんもそうでした。

若いころから礼儀正しくて、穏やかな人だったのでしょう。挨拶のときは立ち止まってきちんとお辞儀をし、「おはようございます」とか「暖かいですね」と短い言葉をかけてくれます。相手も「お元気そうですね」とか「毎日、偉いですねえ」と言葉を返します。

このおじいちゃんも、近所の人から見ればいつも元気で機嫌のいい高齢者です。頭もしっかりしているし、相手の顔もちゃんと覚えています。でも、認知症でした。家族はそのことを近所の人にもきちんと話しています。どこか、いつもと違う場所で見かけたら声をかけてくださいとも伝えてあります。

近所の人はたいてい、驚くそうです。

「えー？　だってあんなにはっきりしてるのに」とか、「庭先の花の名前も教えてくれますよ」とか、とにかくふつうの人と同じにしか見えないし、年齢を教えると「全然、そうは見えない」と感心されるそうです。

つまり、どんなにボケても以前と変わらない部分があります。その部分とつき合っている限り、本人も安心しますし、周囲の人も穏やかに接することができるのです。おたがいに気分よく過ごせるのですから、ボケはゆっくりとしか進まないし、家族も楽な気持ちで介護することができます。

なにもわざわざ、できなくなったことに目を向けたり、そのできなくなったことを本人に気づかせるような接し方をしなくてもいいということです。

そしてできることを楽しんでいる限り、どんなにボケても本人はゆったり、のんびりしています。幸せそうにも見えます。その様子を見て、家族や周囲の人が「ボケもいいもんだな」と思えたときに、自分が高齢になることへの不安は薄れていくはずです。

## 長く生きてきた人にはたくさんの「物語」があります

「年寄りの昔話」というと、いつも同じ話の繰り返しとか、延々と続いてキリがないといったイメージがあります。でも高齢者にとっては、昔話ぐらい楽しいものはありません。

なにせたくさんの物語がありました。

楽しかったこと、苦労したこと、美味しかったもの、忘れられない出来事、仲良しだった人のこと、そういったさまざまな思い出が頭の中には詰まっています。話し出せばそれがどんどん膨らんだり、繋がったりして、忘れていたことまで思い出したりします。延々と続くのも当然のことなのです。

これは認知症になっても同じです。

楽しかったりつらかったりといった、感情を深く揺り動かした出来事は忘れません。すでに述べましたが、トラウマとなるような不幸な記憶でも、自分で都合のいいように塗り替えて新しい物語を作ることもあります。

それからこういうことも言えないでしょうか。

現在、90歳以上の高齢者は、昭和の一ケタ生まれです。ということは、戦前・戦中・戦後の激動の時代を少年少女期や多感な思春期のときに過ごしたことになります。

ところがその子どもは60代でしょうから、戦争はもちろん、窮乏生活の記憶もほとんどありません。親子でありながら、生きた時代があまりに違いすぎるのです。

高齢者の思い出話を聞くというのは、そのギャップを埋めることにもなります。自分の親や、親と同世代の高齢者が語る思い出話というのは、どんな断片でも聞いておいて損はないし、それができる最後の世代が60代ということにならないでしょうか。子どもが親の話に耳を傾けるというだけのことなのです。

まして認知症の高齢者は、昔話を語るだけで気持ちが明るくなります。本人が楽しそうに話しているときは、こちらが頷いて聞いているだけでも安心します。思う存分、話してもらいましょう。

## 確認、質問は要らない、相手の話に頷くだけでいいのです

「傾聴」という言葉はご存じだと思います。大きな不安や心細さ、心身のストレスに疲れ果てている人に、少しでも安心感を与えたり元気を取り戻してもらうために、その人の話をただ聞いてあげることです。

わたしたちは心の中に溜まっているものを吐き出すだけで、楽になります。他人にはわかってもらえない不安や寂しさを、だれかに聞いてもらうだけで安心します。大事なのは吐き出すことで、その言葉に相手が頷いてくれるだけでいいのです。

認知症の人も同じです。

漠然とした不安はいつもありますから、どんなことでも自分が覚えていることを話し、それを聞いてくれる人がいると安心します。周りの人とちゃんとコミュニケーションを取れるというのは、人とのつながりを保っているという自信や安心感を生み出すのかも

しれません。

じつはここがちょっとむずかしいのですが、認知症の現れ方はほんとうに十人十色で、その人の性格やそれまでの人生、周囲との関係など、さまざまな要因で違ってきます。

ですから、認知症の人はどういう気持ちでいるのかということも、ほんとうのところはわからないのです。自分がなってみて初めて、「ああ、こういうことなのか」とわかるかもしれませんが、それを相手に正確に伝えることができるかどうかもわかりません。

ただ、不安や心許なさを話すことで忘れているというのは事実です。そのとき大事なのは、聞く側の態度になってきます。相手の言葉をそのまま受け止めてあげること、そういう態度が何より大切なのです。

「またその話か」とか、「もう聞き飽きた」といった態度は拒絶になります。あるいは「この前の話と違うよ」とか、「そんなはずないでしょ」といった言葉も同じです。自分が信じている過去の記憶を、拒まれたり疑われたりすると、認知症の高齢者は不安や心許なさから抜け出せなくなってしまいます。これは、心から安心できるときを持ちようがないということです。

## その人の「物語」を家族は受け容れるだけでいいのです

記憶違いとか、出来事を自分の都合のいいように解釈するというのは、だれにでもあることです。

まして少し重い認知症の場合、ほんとうに感情を揺り動かしたことしか覚えていませんから、その人の中で新しい物語が作られてしまい、繰り返し話しているうちに確信に変わってしまうことがあります。

でも、遠い過去の出来事です。しかも自分が「こうだった」と信じている出来事です。それを否定したり疑ったところで何も始まりません。そのまま受け止め、頷くだけでいいはずです。

実際、ボケても幸せな高齢者の周りには、いつでも話を聞いてくれる人がいます。子どもたちも自分の手が空いているときは、「よく覚えているねえ」とか「そんなことがあったんだ」と頷いてあげます。同じ話の繰り返しだとしても、「これ、おばあちゃんの忘れられない物語だものね」と納得しています。

そういう時間が、たとえ短くても一日の中にあるだけで、認知症の人は安心するし自分が受け容れられていると感じます。

すると、感情も安定して穏やかになりますから、家族も楽なのです。

デイサービスや、認知症を支える人たちの集まりを積極的に利用したほうがいいというのも同じ理由です。介護のプロや認知症の理解者の多くは、傾聴ができます。少しも拒むことなく相手の話を受け容れてくれます。

そういう時間を持つだけで、ボケの進行は緩やかになり、本人も自信を持って暮らせるようになります。

「毎日、顔を合わせる家族にはむずかしい」と思う人がいるかもしれませんが、やがては自分もボケる、自分の物語の中で生きるようになると想像すれば、「親なんだからつき合ってやるか」という気持ちにきっとなれると思います。

## ボケると、人間は安全に生きようとするものです

認知症になると、小銭が貯まりやすくなります。なぜかというと、ものの値段に不安があるのでつい、大きなお札を出すことが多いからです。

たとえばかつて30円だったお菓子がいまは120円だとします。認知症の人にとっては30円の記憶しかないとしても、昔のままの値段で買おうとする人はまずいません。確信が持てないからです。

そこで、安全な方法を選びます。千円札を出せば間違いなく買えると考えるのです。そのたびに釣り銭が貯まっていきますから、財布やポケットはたちまち小銭でいっぱいになります。その小銭を瓶やケースに入れて持ち歩き、顔なじみの喫茶店でコーヒー代を支払う人もいます。変な言い方ですが、意外に堅実なところがあるのです。

それから症状が進んでいくと、だれに対しても敬語を使う人が増えてきます。プライドの高い人でも、見ず知らずの若者にとても丁寧な言葉遣いで接します。これも不安が

あるからで、うっかり乱暴な言い方をして相手を怒らせたら、自分が危害を加えられるかもしれないと感じるのでしょう。

こういった現れ方をわたしは「安全の法則」と呼んでいますが、とにかく周りからは危なっかしそうに見えても、本人は無意識のうちに安全な態度や行動を選んでいることが多いのです。

車の運転に関しては、たしかに認知症の人が事故を起こすケースは増えているかもしれません（それでも重大事故は報じられていませんが）。でも、世の中にこれだけ高齢者があふれ、その中には相当数の認知症の人が含まれているにもかかわらず、歩行者として事故に遭うというのはそれほど多くありません。少なくとも初期の段階であれば、不安がある分、それだけ慎重な判断をして歩いていることになります。

そういったことを踏まえて、周りの人も高齢者に対して「危ないから」という理由だけで行動範囲を狭めるのでなく、もっと自由に動いてもらってもいいような気がします。

## 外出は止めないでいい、どんどん外の世界と触れ合わせましょう

さきほど傾聴の話をしましたが、どんなにボケてもだれかに話したい、話を聞いてもらいたいという気持ちがあります。

その気持ちを、家族だけで受け止めるのはむずかしいときもあるはずです。仕事や家事で忙しかったり、やっぱり身内の人間に対しては遠慮がない分、どうしても感情的に当たってしまうということもあるからです。

それでおたがいに負担を感じるくらいなら、むしろ他人に任せたほうが楽な場合もあります。よく見られるケースですが、認知症の介護は血の繋がった子どもより、たとえば息子のお嫁さんのほうが上手だったりします。親世代も、自分の娘の言うことは聞かなくても嫁の言うことは素直に聞いたりします。

そこで提案です。

自分の親がボケても、可能な限り外の空気を吸わせてみましょう。たとえば長く暮らしてきた町でしたら、おじいちゃんには行きつけの居酒屋があったり、おばあちゃんにもお気に入りのパフェのお店があったりします。

そういうところに、本人が行きたいというのでしたらどんどん出かけてもらったほうがいいのです。

そうすれば、お店の人や友人知人と顔を合わせて、思う存分、話し込むことができます。初めて顔を合わせた同世代の人と、同じような話題を楽しむことだってできます。それで楽しい時間を過ごすことができれば、帰宅したときには上機嫌のおじいちゃん、おばあちゃんになっているでしょう。

いまはみんな、スマホや携帯を持っています。こういうものにはGPSもついています。

心配でしたらいざというときのために、連絡先のメモを本人に持たせてもいいです。出かけるお店がわかっていたら、事前に電話を入れてもいいでしょう。少なくとも、まだボケのそれほど進んでいない時期でしたら、安全を考えて家に閉じ込めるよりどんどん外に出てもらったほうがいいのです。

それで家族も楽になり、本人のボケも進行が遅くなれば、幸せな時間がそれだけ長く続くことになります。子どもだからこそ、「可愛いボケには旅をさせる」気持ちになってみましょう。

第5章

# 気楽に教えてもらう、助けてもらう

## いまからできること②

## 老いとは、気がつけば周りは年下の世代になっていること

身体的な衰え以外にも、自分の老いを意識することがあります。身近な人間の年齢に気がついたときです。これはもう、50歳を過ぎたぐらいの方ならだれでも思い当たるはずです。

たとえば自分の子どもが20歳になったときです。

「あのチビちゃんが、もう20歳になったのか。わたしも歳をとるわけだ」

こういう感覚はいろいろなときに生まれてきます。

昔はまだまだ若いなと思っていた年上の知人が、「オレはもう、今年で70だよ」と呟いたりすると、「えーっ!?」と驚きます。

「もうそんなになるんですか。そうか、あのころから30年経ちましたね。ということは、わたしも歳をとったんだ」と苦笑いです。

30歳で小さな会社を起こし、それ以来30年間、相変わらず小さな会社のままで頑張ってきた人がこんな話をしてくれたことがあります。

「最初のころは仕事上のつき合いでも相手はみんな年上だった。だからこっちは教えてもらうことばかりだった」

ところが気がついてみると、取引先の担当者も同業者も、みんな自分より年下になっています。

「そうなるとちょっと、居心地悪いね。自分より若い人がすごく熱心で意欲的だし、頼もしくさえ見えるのに、わたしはこの30年、何をやってきたんだろうと考えてしまう」

この感覚に納得する人は多いと思います。

ある年齢になると、ほんとうにいつの間にか、周りには自分より若い人のほうが増えてきます。

かつては年上の人ばかりだったのに、いつのまにか自分もその世代、あるいはもっと上の世代になっているからです。

## さまざまな世代と分け隔てなくつき合ってみること

いま紹介した会社経営者は、高齢になってたとえボケても幸せな老人としてすごすことができるとわたしは思っています。自分よりずっと若い世代の人たちを素直に認め、教わる気持ちも失っていないからです。自分のほうが年上で経験も豊富なんだという、威張ったり見下すような態度は決して取らないからです。

会社組織の中にはしばしば、上司にはペコペコするくせに部下には威張り散らすようなタイプがいます。上に媚びることで自分の地位を守ったり引き上げてもらうようなタイプですが、それでどんなに出世したとしても、定年を迎えて退職すればだれもチヤホヤしてくれません。ただの終わった人です。

そういう人は当然、かつての部下に慕われることもありません。地位を振りかざして、同期の仲間たちも見下すようになれば、定年後のつき合いはまったく途絶えてしまうでしょう。そして、ボケたらどうなるでしょうか?

これは容易に想像がつくと思います。

話し相手がいないのですから、孤独に、不機嫌に暮らすようになります。わたしはかつて高齢者専門の病院に勤務していましたが、もともと社会的地位が高いのに、友人や後輩はもちろん、家族すら見舞いに来ない老人を見てきました。その人たちに共通するのは、自分より目下、年下の人間を見下し、威張って生きてきた人たちだということです。

逆に見舞いの人がひっきりなしに訪れ、いつも朗らかな声が響いている病室もありました。家族だけでなく、会社員時代の同僚や部下、昔からの友人が訪ねてくるのでしょう。そういう人が、職場や私生活の中でどんな人間関係を築いてきたか、想像することができます。同世代の友人はもちろん、部下や後輩であっても気さくに、分け隔てなくつき合ってきたのでしょう。

そういう人であれば、たとえボケても人間関係が途絶えることはありません。自分が認知症だとわかったときでも、「よろしくな」と若い人にも頭を下げることができます。結果として、周囲といい関係を保ちながら幸せにボケることができるのです。

## 「教わる習慣」をいまからちゃんと育てておくこと

ボケない人、正確にいえばボケていてもそうは見えない人や、あるいはボケなんか気にしないで好きなことを楽しんでいる人は、若い人たちを遠ざけません。知りたいことや興味のあることとは、自分から近づいて若い人に教わろうとします。たとえばスマホの使い方とか、ラインやツイッターが面白そうだと思えばその利用方法を教えてもらいます。

これは、やってみたいけど自分にはできないことへのハードルが低くなるということです。

「この歳で覚えなくてもいい」とか、「いまさら若い人の手を借りるなんて」といった依怙地《いこじ》さがありません。このことは、ボケてからも大切な習慣になってきます。

定年を迎えたり、あるいは定年間近の年齢になると、男性の場合は新しいことを習ったり始めたりというのがむずかしくなります。仕事一筋にやってきた人はとくにそうで、

「しばらくのんびりしよう」とまず考えます。

ところがその「しばらく」がいつまでも続いてしまいます。やってみたいこと、興味のあることはあっても、面倒になってくるからです。

そして面倒に感じる理由の一つが、だれかに習ったり教わったりしなければいけないということです。相手はほとんどが自分より若い人です。かりに同世代の人間だとしても、会社人生でそれなりのポストを勤め上げた人にはプライドがあります。見ず知らずの人間に頭を下げてまで教わりたくないというプライドです。

すると結局、何もやらない、できないままで時間だけが過ぎてしまいます。そういう生活自体が脳の老化を早めてしまうのは言うまでもありませんが、もっと大事なのはボケてからです。

困ったことにどんなにボケても、相変わらずプライドだけは保たれるのです。「他人の助けは借りたくない」とか「みっともない姿をさらしたくない」という気持ちがどうしても先立ってしまい、自分で行動半径を狭めてしまいます。

これでは不機嫌に暮らすしかありませんね。わざわざ不幸なボケ老人を目指すことになってしまいます。

## できないことはボケのせい、自分のせいではない

いまの時点で、きちんと身につけておきたい考え方を一つ、書いておきます。

認知症を恐れる気持ちは「できないこと」が増えてくるという不安から生まれます。

プライドの高い人ほど、この不安も大きいのです。

でも、男女を問わず、たとえ認知症になっても物怖じすることなくできることをやり続けたり、できないことは遠慮なく周囲の助けを借りて実行している人がいます。

そういう人たちに共通するのは、どんなにできないことや不自由に感じることがあっても、それは自分のせいではないと割り切ってしまうことです。

「わたしがダメになったんじゃない。これはボケのせいで、わたしのせいじゃない」

この理屈は正しいです。

その人が本来、備えている能力や技術、できることはすべて、その人の中には変わら

ずにあります。

認知症がそれを邪魔しているだけで、べつに本人がダメになったわけではありません。つまり、状態は状態、「自分は自分」という割り切りさえ持てれば、たとえボケてもいままでと同じように動いたり、やりたいことに挑戦してみることができるはずです。

当然、他人に助けてもらうとか教えてもらうということにも抵抗感など生まれません。どんどん動いて自分の世界を広げていきます。

そういう人たちに比べたら、ボケてもいないのにプライドにこだわって他人に教えてもらうのを嫌がる人なんか、「小さい、小さい」ですね。本人は誇り高い人間のつもりかもしれませんが、たぶん、元気なボケ老人からも笑われてしまうでしょう。

## 「教える・教わる」がいい関係を作っていきます

今度は立場を変えて考えてみましょう。

わたしたちは自分が知っていることをだれかに教えると、とてもいい気分になります。

まして相手が自分より年上だったり、偉い人だったりすれば、自尊心も十分に満たされます。教えるというのはとにかく気持ちのいいことなのです。

同時に、年上の相手に対する親しみや、あるいは尊敬の気持ちも生まれます。

「でもこの人も偉いなあ。ちっとも威張らないし、年下の言うことでも素直に聞いてくれるんだから」

教えた相手に対してそんな好感が生まれてくるのです。

つまり、年齢や立場を気にしないで、周囲に「教える・教わる」の関係を作れる人は、年齢や立場を超えたいい人間関係を作ることができます。これは、定年を迎えたあとでもつき合いの途切れないい人たちが周りにいるということです。

家族でも同じです。男性の場合、妻や子どもに近所の落ち着いた喫茶店や、気持ちのいい公園や散歩コースを教えてもらうような人は、家族といい関係を保つことができます。

「お父さんは仕事ばかりで、何にも知らないのね」と言いつつ、妻はとっておきのお店や居心地のいいカフェを紹介してくれるかもしれません。平日は会社、休日は家でゴロゴロという生活をしてきた男性ほど、近所のことは知りませんから定年後も気軽に出かけるようになるでしょう。

さらには妻がつき合っている近所の同世代の夫婦と行き来するようになれば、ご主人同士のつき合いが始まる可能性もあります。自分たちより若い世代の夫婦と知り合うことで、先方のご主人の仕事の悩みにも先輩としてアドバイスできるかもしれません。

とにかく家族の中でも「教える・教わる」の関係があれば、夫婦の風通しもよくなって、ボケたときでも遠慮なく助けてもらえるようになるはずです。

## 「威張る夫、気丈な妻」もあまりいいボケ方はしません

料理だって覚えて損はありません。

ここは頭を下げて妻に教わりましょう。男性の料理教室もありますが、食べ慣れた手料理を習うのでしたら妻に教わるのがいちばんです。

もちろん妻だって悪い気はしません。「わたしのは自己流よ」と言いつつも機嫌よく

教えてくれるはずです。

それに、いずれは夫婦のどちらかがボケるんだと割り切ってしまえば、たとえ妻が先にボケても夫が料理さえできれば、自宅で介護するときも、施設に入ったときも何とかなります。第1章で、妻が先にボケてしまい、「早い者勝ちですね」とつぶやいた男性を紹介しましたが、ボケようがボケまいが、できることを一つずつ増やしていくというのは大切な準備になるはずです。

じつは、ボケてからの人生が幸せになるか不幸になるかというのは、夫婦の関係がいいか悪いかで大きく違ってきます。ここは自戒も含めて取り上げるしかありませんが、威張ってばかりいる夫や、妻を見下す夫は、ボケて不自由を感じるようになるとついイライラしてしまい、妻に当たり散らすこともあります。

男性ばかり取り上げるのも不公平ですから、女性の場合も考えましょう。

家事や育児、あるいは夫や同居する親の世話も自分ひとりで完ぺきにやり遂げてきたような妻も、認知症になるとできないことが出てきます。

それなら周りの人に助けてもらえばいいのに、こういう気丈な女性ほど他人に頼ろうとしませんから、疲れ果てたりできない自分に無力感を持ったりします。イライラすることもあるでしょう。

夫や子どもたちも、かつては何でもやってくれてしっかりものだった妻や母親が、家事をおろそかにするようになると「どうしちゃったの」とか「何やってるんだ」と叱るようになります。認知症だと気づかないで、本人を責めてしまうことがあるのです。

こうなると、本人はますます落ち込みます。夫婦の関係も親子の関係も、どこか刺々《とげとげ》しいものになってしまいます。

## 支え合う夫婦はどちらがボケてもいい夫婦のまま

そういう意味では、ふだんから気軽に助けてもらったり教えてもらったりしている夫婦のほうが、たとえどちらかがボケてもいい関係を保ちながら暮らせるようです。

たとえばさっき料理の話をしましたが、妻のほうから夫にあれこれお願いしてもいいはずです。買い物や食器洗い、庭の草取りでも押し入れの整理や布団干しでもいいです。

「お父さん、重いものはお願いします」と妻が声をかけ、「任せておけ」と夫が応じるような関係なら、いざというときにも気軽に手を借りたり貸したりすることができます。

それにいまの時代、「家事は妻の仕事」という考え方をする男性はずいぶん減っているはずです。50代の夫婦でしたら、妻も何らかの仕事を持っているケースは珍しくありませんから、家事にも自然に役割分担ができていると思います。

その意味では、認知症への理解が深まっていくことと併せて、これからの時代はボケても幸せな夫婦が増えてくるんだろうなとわたしは思っています。

でもいま80代の夫婦は、ご主人のほうにまだ古い家庭観が残っている可能性もあります。「家の中のことは口出ししないほうがいい」とか、「家事は妻の領域だ」と考える夫が多いのです。

微妙なのはそれ以前の世代ですね。たとえば75歳なら団塊世代ですから、家事の役割分担にもある程度、理解があります。でも、タイプによっては古い考え方をする人もいます。

あなたがどちらのタイプなのかわかりませんが、幸せにボケたいと願うのでしたら妻や夫とはいい関係を作っておくに越したことはありません。そのためのいちばん簡単な方法が、頼ったり頼られたりすることではないでしょうか。

何もかも自分でやるのではなく頼ってみる。

あるいは頼ってばかりいないで、教わりながら自分でもやってみる。

そういう、支え合う夫婦でしたら、どちらがボケてもいい夫婦のままであり続けるはずです。

## イライラするヒマがあったら自分で動きましょう

この章では男性に対して厳しい意見が多くなっています。

理由は一般的に見て、認知症に対して女性のほうが素直な気持ちで向き合ってくれることが多いからです。

自分が認知症になったらという不安からも目を逸《そ》らさず、「齢をとればだれでもなるんだったら、ちゃんと勉強しておこう」という気持ちも持っています。男性はどうかと言えば、「オレはならない」という自信家のほうが多いのです。でもこの自信もプライドですね。ほんとうは不安なのに、根拠もなく「ならない」と思い込むことで自分のボケから目を逸らしているに過ぎません。

当然、男性のほうが認知症の人に対して「情けない」とか「恥ずかしい」といった蔑視の感情を持ちやすいところがあります。たとえば自分の妻がボケてしまうと、「オレはどうすればいいんだ」とまるで傍観者になってしまうことすらあります。

そういうタイプの男性は、ボケる前からイライラしていることが多いのです。妻が食事の支度に時間がかかっているとイライラ、外出先から予定をすぎても戻ってこないとイライラ、またしても「オレはどうすりゃいいんだ」です。

もしあなたが男性で、そういう傾向があるようでしたら、これもいまから改めたほうがいいです。とても簡単なことで、自分で動けばいいのです。妻の帰宅時間が遅れたら、冷蔵庫でも覗いてください。すぐに食べられるものぐらい、見つかります。あとはゆったり構えていればいいのです。

あれこれ家事に追われて食事の支度につけない様子を見たら、「手を貸すよ」と気軽に申し出ればいいのです。

そうでなければ、のんびり構えることですね。

イライラしないで、面倒を見てもらうだけでありがたいという気持ちで、近所の散歩にでも出かけてください。

## 年下の友人は意外にいないものです

こんどは友人や知人の関係で考えてみましょう。

あなたが仮に60歳の男性だとします。さて、あなたよりうんと若い世代の友人はいるでしょうか？

プライベートな時間に、顔を合わせれば気楽なおしゃべりのできる30代、あるいは40代の知人はいるでしょうか？

案外、いないものですね。自分と同世代か、それより少し上の世代とのつき合いがほとんどだと思います。

会社勤めの場合、50代60代の男性はもう、それなりのポストに就いています。とくに出世はしていなくても、周囲からは経験豊富なベテランと見なされますから、年代の離れた若手社員とは気楽なつき合いがなかなかできません。

上司と部下の関係でも同じです。

仕事上のやり取りはともかく、上司とプライベートなつき合いを望む部下はいません。退社後の飲み会だって、同世代の社員同士が気楽です。若手社員にとって、自分の親と同じ世代の人間というのは価値観も仕事観も違いますからリラックスできないことが多いのです。

すると結局、職場や仕事がらみの人間関係しか持てない会社員は、自分とあまり年齢の違わない同僚とのつき合いだけになってしまいます。年下の友人や知人がいないのです。

同世代とのつき合いは、定年を迎えるとほとんどの場合は疎遠になります。おたがいに時間はありますから、いつでも会ってお酒を飲んだり、どこかに出かけたりできそうなものですが、それぞれが家の中に収まってしまいます。顔を合わせても会社員時代の思い出話になるだけですから、あまり盛り上がることもありません。

でももし、30代、40代の友人や知人がいたらどうなるでしょうか。

彼らはまだ働き盛り、仕事も忙しいし趣味や遊びも楽しんでいます。これからやってみたいこと、勉強したいこともあるし、組織の中でいろいろな問題にも直面しています。

そういう世代となら、自分の経験を話したり、逆に新しい知識や世界を教えてもらうことができます。

話していて楽しいし、「まだまだしょぼくれている歳ではないな」という元気が湧いてこないでしょうか。

## 若い世代の誘いに乗ってみよう、ちゃんと助けてもらえます

定年を迎えて、近所や駅前の居酒屋に通い始めた男性がいます。会社勤めのころはもっぱら職場に近い居酒屋、盛り場やターミナル駅周辺のバーで飲んでいたので、自宅近

くの居酒屋はほとんど顔を出したことがありません。

ところが、通いだすと案外、面白い場所だと気がつきました。

「大学生からおじいちゃんまで、年齢層が広い。ブルーカラーもいれば商店の主人もいるし、学校の先生とかお坊さんもいたりする。いったい何をやっているのかわからない人も多いし、若い女性のグループだっている」

たしかにそういうところは、ビジネス街の居酒屋とは大きく違っているでしょう。むしろいちばん少ないのがふつうの会社員だったりします。

この男性は週に一度の割合で、お気に入りの居酒屋に顔を出すようになりました。曜日も自然に決まってくるので、だんだん顔見知りの客が増えてきます。隣り合わせに座れば何となく言葉のやり取りも生まれ、そのうち名前も覚えてもらい、笑顔で挨拶してくれる若者グループまで現れました。

ある晩、これはものの弾みとしか言いようがないのですが、親しくなった若者数人とゴルフに出かける約束をしてしまったそうです。若者たちはゴルフに興味はあるけれど練習場でクラブを振っただけです。何となくゴルフ場のコースに出るのはためらっていました。

この男性はと言えば、10年ほど前まではけっこう、ゴルフ場通いをしていた経験があります。しばらくコースには出ていませんが、「久しぶりに汗をかいてみるかな」という気になりました。

話が決まれば早いです。

若者たちがその場で料金の安いゴルフ場をネット予約して、当日は車で男性を送り迎えする段取りをたちまち決めてしまいました。「そのかわり、コースに出たらいろいろ教えてください」

当日が楽しかったのは言うまでもありません。

「思い切って誘いに乗ってみてよかったな。一人じゃ出かける気になれないけど、送り迎えまでしてもらうとまだまだゴルフぐらい楽しめるんだ」

若い世代の友人や知人がいると、思いがけない世界が開けてきます。一人でできないことは、遠慮なく助けてもらえばいいからです。

## 面倒見のいい人はボケても愛され、慕われます

「いまから年下の友人と言われても、きっかけがないとムリ」

そう考えている人は多いと思いますが、会社勤めをしていても部下や後輩に慕われるタイプはいます。

そういう人に共通するのは、面倒見がいいということです。

困っている部下には相談に乗ってやったり、フォローしてあげる。自分の経験や地位が役に立つなら、惜しまず協力してあげる。トラブルの処理を本人任せにしない。そういった、上司や先輩としての基本的な態度を取れる人は、べつに個人的なつき合いを求めなくても若い世代からは信頼されます。

定年間近とか、あるいは定年後の再雇用といった立場であれば、自分から先頭に立って動く必要はありません。ほとんどの仕事は自分より若い世代に任せていいし、むしろ自分のキャリアをどう受け継いでもらうかが大事になってくるはずです。

それなら、後ろで支える役割に徹してみることですね。60代というのはそういう年代、自分が備えているものを若い世代に押しつけがましくないように伝えていい世代だと思います。

そのかわり、情報を集めたり動いたりといった、若い世代のほうが得意なことはどんどん協力してもらいましょう。自分にできないことは遠慮なく助けてもらえばいいはずです。

そういったことのできる人は、たとえ定年を迎えても若い世代とのつき合いを苦にしません。手を貸したり借りたりの関係を自然に作っていくし、それでおたがいに負担を感じることなくやっていけます。

愛されるおばあちゃんというのも、じつは娘や嫁や、近所の若いお母さんたちに気持ちの負担を感じさせません。料理でも育児でも、余計な口出しはしないかわりに困っている様子が見えたらさり気なく手を貸し、自分の経験を伝えようとします。

すると、教わるほうもおばあちゃんをいざというときには頼りにしますし、逆に何かあったときには支えてあげようという気持ちが自然に生まれてきます。ボケても幸せな高齢者には、そういう面倒見のよさが備わっているような気がします。

# 第6章

# 楽しみの種を蒔いておこう

## いまからできること③

## ゆっくり着地できたら幸せな人生です

10年ほど前に出版された『ペコロスの母に会いに行く』（岡野雄一作・西日本新聞社）という単行本があります。認知症の母親を主人公として描いたコミックですが、ほのぼのとしたタッチの中にこちらをシュンとさせてしまうような悲しさも隠れていて、作者の母親へのまなざしがとても穏やかで心地のいい世界が描かれています。映画化もされましたので、ご存じの方がいると思います。

本の帯にはこんな言葉があります。

「母ちゃん。ぼけてよかったな。

ゆっくり着地できて、よかったな。

長い間、本当にありがとう。」

わたしはこの、「ゆっくり着地」という言葉ほど、ボケをおおらかに受け容れたものはないと思っています。

この作品の中の主人公は10人姉弟の長女ですから、子どものころから幼い妹や弟の面倒をみてきました。

やがて結婚したものの、夫は酒乱気味で苦労が絶えません。そういう中で2人の子どもを育て、子どもたちが社会に出たと思ったら夫に先立たれ、そのあたりから認知症が始まるのですから、施設に入ってもぼんやりしているようにしか見えない母親に対して、長い苦労がすべて終わって「ご苦労さま」と作者は語りかけています。

「ゆっくり着地」というのは、それまでの人生がただただ慌ただしく、いつもやらなければいけないことに追いかけられてきたすべての人たちに、肩の荷を全部下ろしてもらってほんとうの自由を楽しんでもらうことだと思います。

つまり、わたしたちが「高齢になればボケていく」というのは、ゆっくり着地してもらうためのプログラムと考えることもできます。

でも同時に、自由になったからこそ最後の楽しみを味わい尽くせるというのも、高齢になってからの特権と考えることもできます。最後となるこの章では、ボケてからの人生を楽しむために、いまできることを考えてみましょう。

## 自分にいつまでも残る能力って何だろう

前半の章に「残存能力」という言葉が登場しました。

たとえ認知症になっても、いきなり何もかもできなくなるわけではありません。ふつうの人と同じようにできることがたくさんありますし、ましてその人が得意だったことや好きなことは、周りの人にも喜んでもらえる能力として残り続けるという話でした。

たとえ以前のようにはできなくても、周りの人の力を借りたり支えてもらったりすることで、その能力をいつまでも保ち続けることができれば、どんなにボケても本人は幸福感や満足感を持つことができます。自分はまだまだ必要とされる人間だと思えるのは、やはり幸せな高齢者ということになるからです。

そしてもう一つ大事なのは、そういった能力を使い続ける人は認知症の進行も遅くなるということです。自分にできることがあるうちは、たとえサポートを受けながらでもやり続けるというのが幸せにボケる秘訣にもなってきます。

ただ、こういった話をしても不安を感じる人がいると思います。

「わたしにどんな能力が残されるんだ」という不安です。

この不安は、長く会社勤めを続けて定年を迎える男性には当然のように生まれてくると思います。

仕事で培ってきた能力が、いまさら周りの人の役に立ったり、喜んでもらえるとは思えません。たとえば営業の仕事をしてきた人が、「この経験を活かして」と思ったところで、再就職でもしない限りむずかしいでしょう。

得意な趣味やスポーツがあればまだいいですが、地域で教室を開いたり子どもたちに教えたりといったレベルに達している人はそれほど多くはないはずです。

まして夫婦だけの暮らしでしたら、家の中のことはほとんど妻が仕切っています。夫の残存能力は、たとえあったとしても発揮のしようがないのです。かといって、何もしないでボケていくのだけはご免ですね。

## そろそろ義務感から自由になっていい年代です

そこで最後の提案になります。

自分の高齢を意識したり、「どうなるのかな」と考える年齢になったら、いままでの人生とはまったく違う価値観を育ててみましょう。

ここまで、ほとんどの人が「やらなければいけないこと」を優先させてきました。仕事でも家事でも勉強でも、きちんと生きていくために「やらなければいけないこと」が毎日あり、それをやり遂げるのが精いっぱいという人も多かったと思います。

でも自分が高齢になっていく、身体もだんだん言うことを聞かなくなる、もの忘れも増えて脳の老化も進んでくるという年齢は、「やらなければいけないこと」から少しずつ解放される時期と考えてもいいはずです。

男性の場合でしたら、何より優先してきた仕事から解放されます。

女性はここで「家事は一生、続くのよ」と不満を持つかもしれません。

「おまけに夫がいつも家にいるようになったら、食事の支度だって3度になるんだから」

そうかもしれませんが、逆に考えすぎかもしれません。ご主人だっていい大人ですから、放っておいても近所のラーメン店や蕎麦屋でのんびり昼食、晩ご飯だって居酒屋で好きなものを食べて飲んで気楽な時間を過ごします。「わたしがちゃんとしてあげないと」という考え方自体が、「やらなければいけない」に相変わらず縛られていることにならないでしょうか。

それからここまでに、「教える・教わる」「頼る・頼られる」の関係を作りましょうと述べてきました。

おたがいに高齢になるための準備といってもいいです。夫婦だからこそ、そういう関係を作っておけば、いろいろな形で役割分担ができるし、結果としておたがいに自由な暮らし方ができます。支え合うけど束縛しないというのは、高齢になった夫婦の理想的な姿ということもできるはずです。

## 楽しく生きる力こそ大切な「残存能力」です

高齢になったら、新しい価値観としてぜひ見直してほしいのが「楽しさ」優先の生き方です。

「やらなければいけない」という義務感はどんどん捨ててしまい、自分にとって楽しいこと、楽しいからこそやってみたいことを優先させて暮らすようなことです。

義務や責任を優先させてきた時代にも、頭の中には「楽しいこと」があったはずです。「のんびり旅行に出かけたいなあ」とか「明日の仕事なんか気にしないで気が済むまで本が読みたいなあ」といった程度のことでも、いつもやってみたいことが頭の中にはありました。

もちろん、仕事もきちんとやり遂げて、やってみたいこともちゃんと実行してきた人もいるはずです。どんなに忙しくても、自分の趣味や楽しみを大事にしてきた人です。

そういう人でしたら、高齢になっても退屈することはありません。仕事以外の人間関係だって作りやすいでしょう。

あるいは女性の場合、やらなければいけないことの中に自分の楽しみをどんどん持ち込むような人もいます。料理が好きで自分でパンやピザを焼いたり、あるいは花を飾るのが好きでプランターでいろいろな草花を育てるような女性です。こういう人も、歳をとることなんか気にしません。若い友人に手作り料理を振る舞ったり、小さな鉢植えをプレゼントすることだってできるからです。

つまり、高齢になっても自分の「残存能力」を発揮できる人は、好きなことや楽しいこと、あるいは得意なことをずっとやり続けたり、育ててきた人でもあるのです。

でもわたしは、そういった楽しみの種を育ててこなかった人でも、まだまだ間に合うと思っています。60歳を過ぎてからでも、それからの人生は長いのですから、高齢になっても楽しいことをやり続けるというのは決してむずかしいことではないと思っています。

ただし、大きな価値観の変更は必要です。「これからは、楽しいことを優先させよう」という価値観に変えることです。もともと、楽しく生きたいという願いはだれにでもあります。その願いを捨てる人はいません。だれでも持っている願望なのですから、それを優先させる能力はきっと残っているはずです。

## 何かのためでなく、楽しむためにやってみること

散歩のときに歩数計を携える人がいます。スマホにもその機能が備わっていますから、一日1万歩といった目標を決めて実行しようと考える人は大勢いるはずです。

これは健康のためですね。足の筋力がつけば高齢になってもしっかり歩けるし、運動は心臓にも肺にもいいはずだし、汗をかいてお腹が空けば飲み物も食べ物も美味しい、とにかく身体のためにはいいことだらけです。

たしかにその通りだと思いますが、「だから毎日1万歩」と決めてしまうと、散歩も結局、「やらなければいけないこと」になってしまいます。

実際、律儀な性格の人は「昨日5千歩でやめたから今日は1万5千歩」とノルマを課したりします。「先週は雨続きで歩けない日があったから、今週は歩数を増やさなくち

ゃ」と考える人もいます。

こうなってくると、楽しみのためというより苦行や修行に近いです。楽しいから歩くのでなく、歩くことだけが目的になってしまいます。そろそろ、そういった生真面目な生き方は終わりにしてもいいはずです。

楽しみを目的にしてしまえば、公園の木陰でひと休みしていいし、花壇の花がきれいならぼんやり眺めて過ごしてもいいです。感じのいい喫茶店があったらそこでコーヒーを飲んだり、知り合いに会ったらおしゃべりしていいです。

歩けば目に触れるもの、気がつくこと、出会う人がいるのですから、そこでのんびり過ごせば楽しさが膨らみます。

これは、楽しみの種がいくつも見つかるということです。自分にとって楽しいことが、だんだん広がってくるということです。

散歩はトレーニングでもノルマでもなく、楽しみ探しの時間になってきます。

## 楽しいかどうかが老いてからの「モノサシ」です

もしかするとあなたの中にはまだ、役に立つこと、ためになることを優先させなくちゃという気持ちが残っているかもしれません。それもかなり強くです。

「楽しみなことを優先といっても、そんなのただの浪費じゃないか。時間とカネのムダ遣いでしかない」といった気持ちです。

自分にとって役に立つこと、あるいはだれかのためになることを優先させなければ、定年になっても周りから相手にされない人間になってしまうという考え方です。

でも、楽しいことを優先させ、それで機嫌よく暮らすことができれば、周りの人にとっても好人物です。いつ会っても何か楽しそうにしている人を見ると、こちらまで楽しい気持ちになってきます。

それから楽しいことの中には、役に立つことやだれかのためになることだって含まれています。たとえばカメラ好きな人が、近所のお母さんと子どもが遊んでいる様子を写真に撮って、プリントしてあげるだけで喜ばれます。

料理が楽しいという女性だって、あれこれ腕を振るっては夫や家族に喜んでもらえますね。つまり、楽しいことを優先させている人は、そのつもりがなくても結果として周りの人も楽しい気持ちになるのです。

自分の役に立つことや人のためになることを優先させれば、たしかにいつまでも必要とされる人間でいられるかもしれません。

でも、それが本人にとって楽しくないことでしたら、せっかく定年を迎えて自由な時間ができても、何だかまだ働いている気分になります。そしてもし、ボケが始まって役に立つことがだんだんできなくなってきたら、何を楽しみに生きればいいのでしょうか。

## 「楽しいこと」はいま見つからなくても心配ない

残存能力は、だれかのために使わなければいけないということではありません。

いちばん大事なのは、たとえ認知症になってもその能力を使い続けるということで、それによって症状の進行を遅らせることができます。

すると結局、自分にとって楽しいこと、夢中になれることが残っているかどうかが問われてきます。

楽しいことや好きなことなら、いつまでも続けることができます。だれかの役に立ちたいという気持ちはもちろん大切ですが、自分が楽しくなければだんだん意欲も薄れてきます。

認知症になって以前のようにはできなくなれば、「もう役に立てないんだな」と、自分が用無しの人間になったような寂しさも感じるでしょう。これでは幸せな老いとは言えません。

ここで定年の近づいた男性は考え込むと思います。

「わたしが楽しいことって何だろう」

趣味や好きなことがすぐに浮かぶ人ならいいです。「大好きな温泉めぐりを思う存分、楽しめるんだな」とワクワクしてきます。

でも、これといった趣味もなく、やってみたいことも浮かんでこない人は、改めて考えるはずです。ほんとうにやってみたいことが何なのか、ここまでの人生では考えたこともなかったからです。

そういうケースは、決して珍しくないと思います。仕事中心で、義務感や責任感だけで働いてきた人ほど、楽しさ優先の価値観を持ったことがないからです。一切の義務や責任から解放されたとき、途方に暮れてしまう男性はたしかにいるような気がします。

そういう人にアドバイスできることがあるとすれば、「それはあなたのせいではないですよ」ということです。

これまでのことはこれまでのこと。義務もノルマも十分に果たしたのですから、これから楽しさ優先に切り替えればいいだけのことです。いま見つからなくても、ボケるまでやボケてからだって長い人生が待っています。

## 案外わかっていないのが自分のことです

長く生きてくると、ほとんどの人は自分の性格とか好み、あるいは能力も含めて、自分自身をわかったつもりになっています。

「わたしは几帳面な性格だから、その日の気分で動いたり、行き当たりばったりの行動は取れない」

仮にそう思い込んでいる人がいたとします。まじめな人ほど、自分はこういう人間だという思い込みが強くなってしまいます。

でもそれは、仕事や職場の人間関係の中で作られてしまった性格にすぎないかもしれません。子ども時代の友人は、「おまえはいたずら好きで、しょっちゅう職員室に呼ばれていたな」と冷やかすかもしれません。

まして、仕事一筋で定年を迎えるような男性は、自分のやってきたことにそれなりの誇りを持っていますから、「ベストを尽くした」とか「必死で働いてきた」と思いがちです。じつはやる気をなくして手を抜いた時期もあれば、仕事が嫌になって転職を本気で考えた時期もあります。

つまり、自分自身をどんなにわかったつもりになっても、そこに当てはまらない自分もいたはずなのです。「テキトーにやってきたなあ」と自分を笑うような人だって、目標を実現するために必死の努力をしたこともあるし、悩んだり苦しんだりしたことがあります。自分のことは自分がいちばんよくわかっているというのも、ただの思い込みかもしれませんし、他人から見れば的外れかもしれないのです。

したがってまず、「わたしはこういう人間だ」という思い込みをいったん捨ててみましょう。たとえいまは本気でそう思い込んでいたとしても、それはいまだけの思い込みにすぎない可能性があるからです。

もしそれができれば、ずいぶん変わってきます。いままではいままで、これからはこれからだと考えることができるからです。

## 出合ったときがいちばんいいとき、いいタイミング

自分が好きなことや楽しいと思うことは、自分で見つけられるとは限りません。むしろほとんどの場合は、他人が教えてくれたり誘ってくれたりします。自分から「これは面白そうだからやってみよう」と考えて実行することはむしろ少ないのです。

でも、きっかけはどうであれ、楽しいことに出合うと「どうしていままで」と思いますね。「どうしていままで気がつかなかったんだろう」と不思議になりますし、「もっと早く知っていれば」と悔しい気持ちにさえなります。

まして60代になって突然に夢中になれる世界に出合えば、「ああ、若いときから始めていればなあ」と時間を巻き戻したい気持ちになるでしょう。でも、30年前に出合ったとしても何の興味も持たなかったかもしれないのです。

ところが高齢に近づくにつれて、「いまから何かを始めるなんて」とためらう人が増えてきます。「この歳になっていまさら」と考え、最初から逃げ腰になる人のほうが多いのです。

これはすごく矛盾しているような気がします。

かりに60歳を過ぎて何か始めるとしても、80代まであと20年もあります。

しかも、「やらなければいけないこと」からどんどん自由になっていきます。若いころよりはるかに時間もあるし、遊ぶことに後ろめたさなんか感じなくていいはずなのです。

もちろん、かつてのような体力はないです。

覚えも悪いし、周りの手を借りなければいけないかもしれません。それが恥ずかしいとか、みっともないというのでしたら、もう一度思い出してください。

いままでだって、ずいぶん迷惑もかけてきたし、ダメな時期もありました。わたし自身、思い当たることはたくさんあります。失礼な言い方ですが、たぶんあなたも、みっともないことがないと思えるほど立派な人生を過ごしてきたわけではないと思います。

## 無邪気になれるのは老いの特権かもしれません

仕事のキャリアや能力が重視されるのは、せいぜい50代までです。経営者やフリーランスはともかく、会社勤めの場合はこの年代を過ぎると、そろそろ将来も見えてくると思います。

でもまだ見えてこない将来があります。20年後、30年後の自分です。

仕事はやっていないはずですから、さて、何を楽しみに生きているのかなと考えます。

何の楽しみもなく、ただボケて過ごす人生にはしたくないなとだれでも考えるはずです。

そうならないための準備を始めるのは、いまですね。60代に入ったらボチボチと、10年20年後の楽しみの種を蒔《ま》き始めてもいいはずです。食べることにポッン、遊ぶことにポッン、子どものころに好きだったことにポッン、何か新しい勉強、それも大好きな分野の勉強を、べつに資格なんか目指さずのんびり始めるのもいいです。

誘われたら乗ってみましょう。やったことがない、でも面白いかもと思ったらとにかく乗ってみましょう。若い世代とつき合うことで、意外な楽しさに出合うこともありますから、分別とか威厳とか、そういうしかめっ面も捨てましょう。簡単にいえば、自分の子ども時代に返る気持ちになってみましょう。

ボケればどうせ、子どもに返ります。すぐ忘れる、すぐ頼る、嫌なことがあってもケロリとしている、楽しいことだけ追いかける、そういったことは全部、子どもだから許されることですが、老いの特権でもあるのです。

それを使うことなく、ただ気むずかしい顔をしていても、本人は少しも楽しくありませんね。そしてそういう高齢者は、周りにも気を遣わせるだけになってしまいます。放っておいても楽しみを見つけられる高齢者なら、周りも安心して見守ってくれるはずです。

## 理想は「人生の楽しさに歳を忘れてしまうこと」です

あなたの周りにも、「こんなおじいちゃんになりたいな」とか、「可愛いおばあちゃんだね」と思わせる人がいるかもしれません。

そういうおじいちゃん、おばあちゃんでも、じつはボケていることが多いのです。家族もそのことは知っていますが、とくに気にする様子もありません。まるで子どものように好きなことに熱中し、自分のペースで暮らしているからです。

70歳を過ぎて突然、カメラに熱中し、やがて「自撮り」の楽しさにのめりこんでユーモラスな写真を次々にネットで公開して大評判となっているおばあちゃんがいます。もう90歳を超えています。ある雑誌（『通販生活』・カタログハウス刊）にそのプロフィールが紹介されていましたが、自撮り写真はパソコンで合成して加工もするのですから、まさにCG技術者でもあります。

そのおばあちゃんの言葉が愉快でした。

「好きなことばかりしよったら、歳も忘れてしもた」

ボケたからではなく、好きなことばかりしていたから歳を忘れたと笑うのです。デイサービスにも通いながら、自分よりずっと年下の友人たちとバーでおしゃべり、夢中になると深夜の2時3時までというのも珍しくないそうです。

こういうおばあちゃんの話を聞いていると、納得することがいくつもあります。やっぱり好きなことに熱中できるというのは、いくつになっても楽しくてたまらないんだろうなということ。そして、夢中になっているうちに歳も忘れるぐらい、あっというまに時間が経ってしまうということ。子どもに返るというのは、こういうおばあちゃんのことをいうのでしょう。

ボケればどうせ、自分の歳なんかわからなくなります。というより、どうでもよくなります。

好きなことに熱中して暮らしても同じです。いま何歳なのかも忘れてしまいます。

それなら、いちばん自然なボケ方は好きなことに熱中することですね。きっかけはどこに転がっているかわかりません。つまらないと思ったらやめればいいのですから、ひょいひょいとチャンスには乗ってみましょう。

60代なんて、幸せなボケ老人から見ればほんの若造なんですから、取りつくろっても可愛くありません。

エピローグ

# ボケると「新しい力」がついてきます

# ボケるのは悪いことばかりではない！

『ペコロスの母に会いにいく』（既出）の主人公「みつえさん」は、作品の中で過去を思い出すことは多くても嫌な思い出はほとんどが消えてしまい、いまと昔が渾然《こんぜん》となって新しい物語が生まれています。

酒乱の夫との思い出もそうでした。あれほど苦労させられた夫も、いまは懐かしい人です。その懐かしい人が、ときどき「みつえさん」を訪ねてきます。もちろん幻覚なのですが、そこでとても穏やかなやり取り、静かな時間を2人で繰り返すのです。

それは「みつえさん」にとって幸せな時間で、ボケたおかげでそういう幸せな時間を過ごせることに「みつえさん」は感謝しています。

なあユウイチ
私《うち》がボケたけん

父ちゃんが
現われたとなら
ボケるとも
悪か事ばかりじゃ
なかかもしれん

このユウイチというのは漫画作者で息子の岡野雄一さんのことです。会いたい人に会える幸せ。過去がいい思い出に塗り替えられる幸せ。そう考えてくると、ボケはたしかに悪いことばかりではありません。

そしてもし、自分の親がそんなふうに幸せにボケてくれたら、見守る子どもたちも幸せな気持ちになると思います。「わたしもこんなふうにボケたいな」と思うでしょう。

少しでも、あなたにボケることを受け容れてもらいたくて、ここまで書いてきました。

## まだらボケほど手強いものはない

この本の中でもたびたび説明してきましたが、認知症の現れ方は人によってさまざまです。進み方も遅い人、早い人、いろいろありますから、一緒に暮らす家族でさえ、「おじいちゃん、ほんとうに認知症なんだろうか」と思いたくなることすらあります。

たとえば論理的な話し方を淡々と繰り返します。「そういう考え方はおかしいぞ」と家族のほうがたしなめられるときもあります。計算能力だって、少しも衰えを感じさせない人がいます。

子どもが「どうせ忘れているだろうけど」と考えて昔の話をすると、「そうじゃない、あのときはお前が間違えたんだ」と訂正されたりします。

でも認知症ですから、まったく覚えていないことがいくらでもあります。しっかり者のおばあちゃんが「ちゃんと紙に書いておいたのに」と文句を言っても、おじいちゃんのほうは「ほう、そうかい」と他人事のようにしか受け止めません。

するとおばあちゃんは、「この人、都合の悪いときだけボケるな」と腹を立てますが、相手が認知症では怒っても始まりません。でも内心では疑いたくなります。

「どうもおかしい、変なところで理屈を並べるのに、肝心なことはボケてしまう。図々しいんだから」

こういうボケ方を「まだらボケ」と呼ぶ人もいます。明晰なときとボケるときがあって、そのときそのときでどっちの状態なのか、判別できないのです。「もしかすると、とぼけているだけじゃないか」とさえ疑いたくなるのです。

こうなると手強いです。まだらボケを相手にしていると、何だか自分が操られているような気持ちにさえなってきます。相手こそボケる力を利用して、思い通りに生きている人のように思えてくるのです。

## 遠慮がなくなる、迷惑なんか気にしない

「ボケ力」というのは、たしかにあると思います。

ボケてから、新たに備わってくる力です。

認知症は決して不幸な病気、悲しい病気ではなく、ある年齢になればだれにでも起こる一つの状態でしかありません。脳の老化が原因なのですから、いまの医学では防ぎようがないのです。

それならば、高齢になることでだれにでも備わってくる力そのものをボケと考えてもいいはずです。そう考えることで、ボケてからの人生にもいろいろな可能性があると気がつくからです。

たとえば遠慮がなくなります。

「迷惑かけちゃいけない」とか、「心配させてはいけない」といった周りの人への遠慮や気遣いが薄れてきます。それって、厚かましいことでしょうか？

わたしたちはもともと、たくさんの迷惑をかけて生きてきました。子どものころから何度も親や周りを心配させ、奔走させながら生きてきました。大人になって社会に出ても、他人に迷惑を何度もかけてきました。

そのうち今度は、自分が他人の世話をしたり、他人にふり回されることも増えてきました。でも、それを迷惑に感じたことはそれほどないはずです。自分だってずっと迷惑をかけてきたんだから「おたがいさま」という気持ちになるからです。

さて、高齢に近づいてきます。そろそろまた、迷惑をかける年頃です。でももう、迷惑をかけることなんか気にしないでいいはずです。人生はそういう巡り合わせだと納得すればいいのです。

ボケると迷惑なんか気にしなくなるというのは、そうでなければいくつになっても気苦労が絶えないからです。すべての気苦労、気遣いから解放させるために、わたしたちの最後にはボケが用意されているのでしょう。ボケることで、幸せに生きる力が備わってくるのです。

## 「ボケ力」が人生を幸せ一色に塗り替えます

そして、ボケることでいままでの長い人生にあったたくさんの嫌なこと、恥ずかしいこと、心が傷ついたこと、すべて忘れてしまいます。

楽しかったこと、幸せだったこと、愛した人や好きだった人たちのことだけが、忘れられない記憶として残り続けます。

これも、人生の終盤に用意された幸せになる力ですね。ボケることで、その力がプレゼントされます。

でも、そういった力はすべて、ボケを受け容れる気持ちになったときに備わります。「わたしはボケない」と拒んだり、「ボケてまで長生きしたくない」と蔑《さげす》む気持ちがあると、幸せにボケることはできないのです。そうならないために、いまからできる生き方や考え方、認知症の人たちへの接し方などを、高齢者専門の精神科医を長く務めてきた立場から説明してきたのがこの本です。

ひと言だけ加えましょう。

愛されるボケには、周りの人を幸せにする力があります。

つまりどんなにボケても、できることがあるのです。

そのことにぜひ、気がついてください。気がつけば、「自分が高齢になること」のほんとうの意味に別のものが加わってくると思います。

本書は2018年6月に新講社より刊行された『自分が高齢になるということ』を加筆・修正し、刊行したものです。

和田秀樹 わだ・ひでき
1960年、大阪府生まれ。東京大学医学部卒業。精神科医。東京大学医学部附属病院精神神経科助手、米国カール・メニンガー精神医学校国際フェローを経て、現在、ルネクリニック東京院院長。高齢者専門の精神科医として、30年以上にわたって高齢者医療の現場に携わっている。『60代から心と体がラクになる生き方』（朝日新書）、『80歳の壁』（幻冬舎新書）、『70歳が老化の分かれ道』（詩想社新書）など著書多数。

朝日新書
900
自分《じぶん》が高齢《こうれい》になるということ
【完全版】

2023年3月30日第1刷発行

著者 和田秀樹
協力 波乗社
発行者 三宮博信
カバーデザイン アンスガー・フォルマー　田嶋佳子
印刷所 凸版印刷株式会社
発行所 朝日新聞出版
〒104-8011 東京都中央区築地5-3-2
電話 03-5541-8832（編集）
03-5540-7793（販売）

Published in Japan by Asahi Shimbun Publications Inc.
ISBN 978-4-02-295208-0
定価はカバーに表示してあります。
落丁・乱丁の場合は弊社業務部(電話03-5540-7800)へご連絡ください。
送料弊社負担にてお取り替えいたします。

# 朝日新書

## 70代から「いいこと」ばかり起きる人

和田秀樹

最新科学では70歳以上の高齢者に関するポジティブなデータが発表され、「お年寄り」の実態は昔と今では大きく違っていた。これまで「高齢者の常識」を覆し続けてきた著者が、気休めではない最新の知見をもとに加齢によるいいことをアップデートし、幸福のステージに向かうための実践術を提案!!

## 朽ちるマンション 老いる住民

朝日新聞取材班

管理会社「更新拒否」、大規模修繕工事の水増し請求、認知症の住民の増加——。建物と住民の高齢化問題に直面した人々の事例を通し、マンションという共同体をどう再生していくのかを探る。「朝日新聞」大反響連載、待望の書籍化。

## お市の方の生涯
### 「天下一の美人」と娘たちの知られざる政治権力の実像

黒田基樹

お市の方は織田家でどのような政治的立場に置かれていたか？ 浅井長政との結婚、柴田勝家との再婚の歴史的・政治的な意味とは？ さらに3人の娘の動向は歴史にどう影響したのか？ 史料が極めて少なく評伝も皆無に近いお市の方の生涯を、最新史料で読み解く。